现代英语翻译理论与实践

王海艳 ◎ 著

吉林出版集团股份有限公司

图书在版编目（CIP）数据

现代英语翻译理论与实践 / 王海艳著. — 长春：吉林出版集团股份有限公司，2024.8. — ISBN 978-7-5731-5859-8

Ⅰ．H315.9

中国国家版本馆CIP数据核字第2024Z7R083号

现代英语翻译理论与实践

XIANDAI YINGYU FANYI LILUN YU SHIJIAN

著　　者	王海艳
责任编辑	张继玲
封面设计	林　吉
开　　本	787mm×1092mm　　1/16
字　　数	170千
印　　张	13
版　　次	2024年8月第1版
印　　次	2024年8月第1次印刷
出版发行	吉林出版集团股份有限公司
电　　话	总编办：010-63109269
	发行部：010-63109269
印　　刷	吉林省恒盛印刷有限公司

ISBN 978-7-5731-5859-8　　　　　　　　　　定价：78.00元

版权所有　侵权必究

前　言

在当今全球化的浪潮中，语言作为文化交流与思想碰撞的桥梁，其重要性日益凸显。英语，作为全球最为通用的语言之一，不仅是国际交流的主要媒介，也是科技、文化、经济等领域知识传播的关键载体。因此，现代英语翻译理论与实践的发展，不仅关乎语言技能的精进，更直接影响到国际合作的深度与广度。

笔者旨在深入探讨现代英语翻译的理论框架与实践策略，从而为翻译学习者、从业者及研究者提供一套系统、全面且紧跟时代步伐的知识体系。翻译不仅仅是词汇与语法的简单转换，更是文化、语境、意图等多维度信息的精准传递。因此，本书在梳理传统翻译理论的基础上，融入了当代语言学、文化学、交际学等跨学科视角，力求为翻译实践提供更为丰富的理论支撑。

在理论部分，本书详细阐述了翻译的本质、原则、标准及过程，介绍了功能对等、目的论、解构主义等主流翻译理论，并探讨了这些理论在现代翻译实践中的应用。同时，我们也关注了翻译技术的发展趋势，如机器翻译、计算机辅助翻译等，分析了这些新兴技术给传统翻译行业带来的挑战与机遇。

在实践部分，笔者结合大量实际案例，阐述了不同文体的翻译技巧与策略，强调了译者应具备的跨文化意识、语言敏感度及问题解决能力。通过详细解析翻译过程中的难点与痛点，帮助读者掌握有效的翻译方法，提升翻译质量，实现原文与译文之间的"信、达、雅"。

此外，笔者还强调了翻译伦理与规范的重要性，倡导在追求翻译质量的同时，也要尊重原文作者、读者及翻译行业的基本准则与道德规范。笔者相信，只有遵循规范的翻译伦理，才能促进翻译事业的健康发展，推动不同文化之间的和谐交流。

王海艳
2024 年 4 月

目　录

第一章　翻译概述 ………………………………………………………… 1
　　第一节　翻译的内涵与标准 ………………………………………… 1
　　第二节　翻译的性质与分类 ………………………………………… 8
　　第三节　翻译的准备与过程 ………………………………………… 12
　　第四节　翻译的价值与目的 ………………………………………… 23

第二章　英语翻译相关理论 ……………………………………………… 26
　　第一节　心理语言学理论 …………………………………………… 26
　　第二节　语用学翻译理论 …………………………………………… 34
　　第三节　对比语言学理论 …………………………………………… 48
　　第四节　模糊语言学理论 …………………………………………… 50

第三章　西方翻译理论研究 ……………………………………………… 67
　　第一节　传统翻译理论研究 ………………………………………… 67
　　第二节　语言学视角下的翻译理论研究 …………………………… 73
　　第三节　文化学视角下的翻译理论研究 …………………………… 79
　　第四节　社会学视角下的翻译理论研究 …………………………… 82

第四章　中国翻译理论研究 ……………………………………………… 88
　　第一节　近代科技与文学翻译理论 ………………………………… 88
　　第二节　当代文化翻译理论 ………………………………………… 101
　　第三节　中国当代翻译学的建设 …………………………………… 104

第五章 文化视角下的英语翻译理论 108
第一节 文化翻译理论概述 108
第二节 文化差异与翻译 121

第六章 中西方文化差异与翻译技巧 131
第一节 中西方文化差异与翻译 131
第二节 英语翻译常用技巧 151

第七章 英汉文化语言差异与等值翻译实践 169
第一节 英汉修辞差异与等值翻译 169
第二节 英汉习语差异与等值翻译 181
第三节 英汉典故差异与等值翻译 192

参考文献 201

第一章　翻译概述

第一节　翻译的内涵与标准

一、翻译的内涵

中外学者和翻译理论家从信息学、符号学、文化学、艺术学等角度对翻译的内涵进行了深入研究,归纳起来主要有如下几个方面:

(一)翻译的信息学内涵

翻译是一种重要的信息传递方式,许多学者从信息学的视角来解释翻译的含义。

在王德春看来,翻译就是将一种语言中的信息进行转化,然后用另外一种语言来传达它所传递的文化信息。[1]

李树辉认为,翻译是对信息进行解码和再编码的一种行为。此外,他还发现,从其他角度,如符号学、文艺学等,解读翻译的含义,并没有充分地反映出翻译的本质特征,甚至存在偏差。[2] 尽管他的看法具有一定的主观性,但从翻译存在的角度来看,对翻译的内涵认识已经出现了多样化的倾向。

---

[1] 王德春.语言学新视角[M].上海:上海外语教育出版社,2011.

[2] 李树辉.翻译的本质、标准及其基本问题[J].语言与翻译,1993(2):31-36.

（二）翻译的符号学内涵

19 世纪末至 20 世纪初，人们把文化背景和语境看作影响信息传播的重要因素，认为翻译是一种涉及整个人类交际体系的交流与沟通的活动。

许钧教授指出，翻译是一种以符号转换为手段、以意义再生为使命的跨文化交流。[①]

杨贤玉的翻译意蕴也是从翻译符号学的角度来解读的。他把翻译分为广义和狭义两种：广义上称为"符际翻译"，着重于"基本信息"的转化。它的范围非常广泛，涵盖了本族语言与非本族语言、方言与民族共同语、方言与方言、古语与现代语、语言与非语言（符号、数字、身体语言）的转换。狭义的翻译通常是指"语际翻译"，即英汉互译、法汉互译、德英互译等。[②]

符号学内涵的翻译从语义之间的转换升级为言语符号对象的转换，涵盖了整个人类的交际体系。这一解释是对语言学的一种扩展，它继承了语言学定义中的"转化"与"对等"的概念，并且受到了语言学的限制。

（三）翻译的文化学内涵

传统的翻译理论认为，语言分析与文本对比是翻译研究的基本任务。但是在具体的实践中，翻译也要考虑到两种语言所承载的文化。翻译的文化学意义是以符号学的基本概念为依据的。在国外，对翻译的文化学内涵研究有很大影响的学者是兰伯特和罗宾斯。我国著名翻译理论家张今，也是从文化交流的视角来阐述翻译内涵的。张今认为，翻译可以被视为两种语言社会之间的交流手段，而翻译的目标也是推动两种语言在政治、经济、文化等方面的发展。[③]

（四）翻译的艺术学内涵

翻译的艺术性实质上就是从美学的视角来研究翻译，把翻译看作一种艺术

---

① 许钧.译路探幽[M].北京：商务印书馆，2024.

② 杨贤玉，杨荣广.汉英翻译概要[M].天津：天津大学出版社，2015.

③ 张今.文学翻译原理[M].郑州：河南大学出版社，1987.

创造。巴斯纳特、兰伯特、拉斐维尔、赫曼斯等西方文学流派的代表性人物都把翻译看作对原文的艺术再创作。茅盾认为文学翻译就是通过不同的语言来表达原文的艺术意蕴。[①] 王以铸这样解释翻译的定义：好的翻译不是把原文一字一句地搬来，而是把它的"神韵"表达出来。[②]

这些对翻译内涵的诠释都是以艺术化为目标的，而这些界定也在一定程度上影响到了文体学、修辞学、美学以及对翻译成果的探讨。不难看出，一些观念类似于译者零星的感悟或总结，但它们在翻译的理解过程中起着过渡作用，从无规则的概括到有规则的内容分析，译者也开始转向系统翻译理论研究。

二、翻译的标准

（一）国内典型的翻译标准

翻译是一种跨文化语言活动现象，东西方翻译界关于翻译的理论层出不穷，西方先后涌现了语言学派、阐释学派、功能学派、文化学派、解构学派、后殖民学派等翻译流派，同时出现了"对等""等值""等效"等翻译理念。翻译理念及翻译派别深受哲学思想的影响，前期理论受到语言哲学的影响尤甚。

中国最早的翻译思想来自道安的"五失本三不易"，然后分别出现了"十条八备"、玄奘的"五不翻"、赞宁的译经"六例"、马建忠的"善译"、严复的"信达雅"、傅雷的"神似"和钱锺书的"化境"等。

1. 玄奘的翻译标准

玄奘是佛教经典翻译的开创者，为我国的翻译事业作出了空前的贡献。玄奘根据多年的佛经翻译实践，提出了"既须求真，又须喻俗"的翻译标准和"五不翻"原则。

[①] 茅盾.茅盾译文选集[M].上海：上海译文出版社，1981.

[②] 罗新璋，陈应年.翻译论集[M].北京：商务印书馆，2009.

"求真"是指译文要忠实于原文,并保留原文的风格,是为了使真实的内容信息传递出去;"喻俗"是指把复杂的内容简化,既要忠实原文,又要易于理解。玄奘把"求真"与"喻俗"有机地融合在一起,即译文不仅要通畅、通达,还要与本民族的语言规范相统一,二者相互补充。

"不翻"并非不译,而是"音译"。"五不翻"主要包括以下几方面:

①"秘密"语的翻译。佛经中有很多经文,以吟唱的方式表达其奥妙,具有隐含的意义和功能,应当音译。

②多义词的翻译。一字多义的梵文在汉语中没有适当的词语可以表示,所以只能用音译的方式来表示。

③译语中没有的词语的翻译。例如,中国文化中没有的东西,应当音译。

④约定俗成的词语的翻译。例如,一些惯用的词汇要按习惯使用音译。

⑤"生"而不翻。是指那些有特别含义和作用的词语也应该音译。

"五不翻"原则概括归纳了音译的规律,在保持原作的意义与效果的同时,还能弥补因文化、语言上的差异而导致的词义空白,并引入外来词语,对以后的翻译工作产生了极大的影响,具有很强的指导意义。

玄奘对佛教经典的理解,以及他对翻译标准和翻译原则的理解,在当时都已达到了顶峰。同时,他也培养了一批优秀的译者,对后来的译经事业也有很大的影响。

2.严复的翻译标准

在国内翻译发展中,影响较为深远的翻译标准是严复提出的"信、达、雅"。

严复以前的译者们在翻译佛经时,曾先后提出了"直译求信"等翻译准则,并从"信"向"达""雅"发展和演进。严复将前人对翻译标准的各种论述创造性地总结成三个字:信、达、雅。"信"是指译文要对原文忠实,"达"是指译文对译入语的规范表达,"雅"是指译文对原文"神韵"的优美表达。

（二）国外典型的翻译标准

西方翻译理论学派主要分成语言学派、阐释学派、解构学派、后殖民学派等，学派众多且内涵丰富，与中国国内译论相比，既有区别，又有共通之处。

1. 多雷的翻译标准

多雷（Etienne Dore）是法国 16 世纪的一位人文学者和翻译家。他按照翻译的重要性列举了五条翻译法则。要想做好翻译工作，就必须做到五个方面：

①彻底理解原作的意思和原文作者写作的意图。

②掌握并能熟练地运用目的语语言。

③不要一个字一个字地翻译。

④避免生词歧义，尽可能地用日常用语。

⑤注意翻译中的修辞。

2. 乔治·坎贝尔（George Campbell）的翻译标准

坎贝尔在翻译理论上的突破与贡献体现在他所提出的翻译"三大原则"：

①翻译时要精确地表达原文的意思。

②尽量将原文的精神与文体进行移植。

③翻译目的和翻译技巧之间有着密切的关系，翻译过来的译文也要保持语言的自然流畅。

3. 奈达（Eugene A. Nida）的翻译标准

奈达的功能对等理论在翻译研究领域有着巨大的影响。在奈达的功能对等理论形成之初，许多学者就意识到翻译应该包括两个过程：忠实再现原文和适应目的语读者。奈达认为，译者应力图达到两种语言之间的功能对等，而不必追求表面上的文字对应。功能对等理论经历了形式对等、动态对等、功能对等三个演变阶段。最初，奈达认为，形式对等关注的是原文，要求尽量表现原文的形式和内容，而动态对等则强调读者对译文的反应。20世纪八九十年代，奈达进一步完善了其理论，在《语言文化与翻译》①一书中，他根据认知因素和经验因素，将功能对等划分为最高程度和最低程度两个层次的对等。最低程度的对等是指"译文读者对译文的理解应达到能够想象出原文读者是如何理解和领会原文的程度"；最高程度的对等是指"译文读者能够以与原文读者基本相同的方式理解和欣赏译文"，然而最高程度的对等很难达到。

1964年，奈达在《翻译科学探索》②一书中提出形式对等和动态对等两个概念。形式对等既强调原文与译文之间语言形式的对等，又强调内容的对等。换言之，译者应确保译文的内容和形式接近原文的内容和形式。奈达的对等理论的核心是用最接近、最自然的方式将与原文对等的信息表达出来，使译文读者和原文读者具有基本相同的反应和感受。为了追求这种对等，译者倾向于保留诸如标点符号和段落分隔符等正式符号，以再现原始的写作风格。形式对等可用来翻译一些简单的句子，基本上相当于直译，但多数情况下，过分强调形式，只按字面意思翻译可能会使译文与原文相差甚远。

1969年，奈达在《翻译理论与实践》③一书中进一步阐述了动态对等的概念，并提出"所谓翻译，是在译入语中用最贴切而又最自然的对等语再现源语的信息，首先是意义，其次是文体"。为了用最接近和最自然的对等语从语义到文体再现源语信息，必须保留原文的内容和内涵，以便译入语读者的阅读感受和源语读者的感受大致一样。只有从语言形式到文化内涵，都能够再现源语的风格和精神，才能称之为优秀的翻译。

1986年，奈达在《从一种语言到另一种语言》一书中开始用功能对等代替动态对等，然而，它们之间并无太大区别。早在1964年，奈达就已论及功能对等，

---

① 奈达.语言文化与翻译[M].严久生，译.呼和浩特：内蒙古大学出版社，1998.

② 奈达.翻译科学探索[M].上海：上海外语教育出版社，2004.

③ 奈达，泰伯.翻译理论与实践[M].上海：上海外语教育出版社，2004.

"基本上，动态对等是从功能对等的角度来描述的。翻译的定义是建立在这样的基础上的：译文的读者对译文的理解必须达到原文读者对原文理解的程度"。功能对等是奈达翻译理论的核心，该理论以信息论为基础，强调读者的反应。

1993年，奈达在《语言文化与翻译》一书中论证了翻译是两种文化之间的交流，对于一个真正成功的译者而言，了解两种文化比掌握两种语言更重要，因为词语只有在有效的文化背景下才有意义。也就是说，翻译的最终目的是交流，译入语读者所收到的信息才是至关重要的。由于两种语言之间存在着文化差异，译者不应一味追求简单的字句对等，而应按照译入语的表达习惯进行翻译，即强调信息的再现。

奈达认为，翻译的最低要求是译文读者要能够理解译文所传达的信息。无法让人明白的译本，不可能是忠实的翻译。因此，一个好的译者在翻译时，一定要注意对同一句子或段落的不同翻译方法。应当说，这种观点在理论上是合理的，但是由于译者的能力限制，在实际的翻译中是很难实现的。

奈达的翻译标准可以归纳为"忠实原文、易于理解、形式恰当、吸引读者"。奈达在翻译准则中引入了读者因素，这对于翻译标准的研究具有重要意义。

4. 费道罗夫的翻译标准

费道罗夫（Andrei fedorov）是苏联著名的翻译学家，也是一位著名的语言学家。他在《翻译理论概要》中提出确切翻译、等值翻译等术语，并指出要充分精确地表述原文的思想内容。[①]《翻译理论概要》是苏联第一部以语言学为视角的翻译理论著作，它的中心思想是"等值论"。

费道罗夫的翻译标准分为以下两个方面：

①翻译要尽可能准确地让目的语读者理解原文的内容。

---

① 费道罗夫.翻译理论概要[M].李流，邓城，李尚谦，等译.北京：中华书局，1955.

②翻译是指用目的语语言把已经在内容和形式上不可分割的原作语言表现出来。

费道罗夫的"等值论"是我国翻译理论界公认的一种翻译准则。他是第一个从语言学角度对翻译理论进行系统研究的理论家，也是对传统翻译理论提出疑问的人。

20世纪80年代以前，西方翻译思想深受柏拉图"本质主义"哲学思想的影响，即意义具有普遍性和恒定性，在经过不同语言传递前后都能保持原始意义的"原汁原味"。撇去中西哲学理念的差异，无论是西方的翻译思想，还是中国的"信、达、雅"都充分表明：译作依附于原作，译者自然要逊色于作者。此后，意义恒定观催生了翻译对等论。对等是以所有语言都有相同的表现能力为前提的，它是指翻译中源语成分和译入语成分具有相同的意义价值。具体来说，就是要求原作和译作具有相同的信息、相同的思想、相同的意境和相同的语体风格。翻译对等论认同两种语言的成分可以实现等值，即语言之间可以完全对等和相互转换，译者的工作主要是在另一种语言内恢复原著的风韵。作者由此获得了绝对的控制权，译者的作用及影响会被作者无情地"吞噬"。尽管在具体的翻译实践中，译者对原著拥有少量的艺术处理和创造性变动的权利，但他的著作权基本还是被否定的，译者由此变成了作者的影子。

第二节　翻译的性质与分类

一、翻译的性质

什么是翻译？关于这个问题，人们的观点各不相同。不同的观点会导致不同的翻译方式和翻译策略，语言学翻译观可分为传统型和当代型两种。

从 19 世纪开始，传统的语言学领域就一直在关注着翻译问题。正如英国语言学家卡特福德（John Cunnison Catford）所说，翻译是一种语言的运作，也就是将一种语言的文字替换成另外一种语言的文字。[①]张培基认为，翻译就是通过一种语言将其他语言的思想内容精确、完整地再现。[②]苏联语言学家巴尔胡达罗夫（Leonid sergeyevich Barkhudarov）提出，翻译就是将一种语言中的连续语转变为另一种语言中的连续语。[③]当代语言学的翻译观受到当代语言学的影响，将其从语言层面延伸到交际语境、语域、语用等方面。从语言的作用和交流两个方面对翻译进行分析，通常把重点放在译文的翻译上，而非文本，其目的是与读者进行沟通与交流。

奈达是西方翻译理论中最具代表性的一位。他认为，翻译是指在译入语中，以最接近源语的形式呈现出与原文最接近的自然对等物，一是意义，二是文体风格。奈达主张，一个理想的翻译是以读者的反应为标准的，也就是译文读者与原文读者在阅读过程中要产生相同的反应。刘宓庆先生认为，翻译本质上就是意义的转化。蔡毅也认为翻译是把一种语言的意思用另外一种语言来表达。

文艺学的翻译原则是以文学理论为基础对翻译进行阐释。他们把翻译看作一种艺术形式，它注重语言的创造作用，注重译文的艺术效果。巴斯纳特（Susan Bassnett）、兰伯特（John Lambert）、拉斐维尔（Andre Lefevere）等都属于文学流派，他们把翻译看作对原文的再加工。在国内，文学翻译的观点也相当多，比如傅雷的"神似说"、钱锺书的"化境说"等。

文化学翻译的原则是从文化的角度进行的。文化翻译论的学者们认为，翻译不仅仅是语言的象征，更是一种文化的交流。翻译是一种文化活动，它的含

[①] 卡特福德.翻译的语言学理论[M].穆雷，译.北京：旅游教育出版社，1991.

[②] 张培基.习语汉译英研究[M].北京：商务印书馆，1979.

[③] 巴尔胡达罗夫.语言与翻译[M].蔡毅，虞杰，段京华，译.北京：中国对外翻译出版公司，1985.

义是通过其他语言的转换来传达的。翻译是跨语言、跨文化的交流与沟通。许多西方学者都把"跨文化交流"作为一种翻译活动。

从以上学者和翻译理论家对翻译的认识来看，翻译的过程既涉及两种语言，也包括了两种文化。从这一点可以看出，翻译不仅仅是一种语言行为，更是一种文化行为。翻译是一种文化的载体，它是一种通过语言机制的转化，将自己的文化和外来的文化联系起来的纽带。翻译实际上是两个社会的交际过程和交际手段，其目的在于推动社会政治、经济或文化的发展，其任务就是将原文所包含的真实世界的逻辑映射或艺术形象从一种语言完整地转移到另一种语言。

二、翻译的分类

（一）卡特福德的翻译分类

这种分类是基于翻译的层次、翻译的范围、语言的等级等方面进行的。

1.从翻译的层次（语法层面、词汇层面、语音层面、词形层面等）进行分类，翻译可划分为完全翻译与有限翻译。前者即源语的语法和词汇被等值目标语的语法和词汇所取代；后者是指源语文本只在某一水平、某一层次上由译语文本替代。

2.从翻译的范围进行分类，可以把译文分成全文翻译和部分翻译。

3.从语言的等级（词素、词、短语、句子等）对翻译进行分类，可以分为逐词翻译、直译和意译。

（二）罗曼·雅各布森（Roman Jakobson）的翻译分类

这种翻译分类是从语言学和符号学视角进行的。

1.语内翻译

语内翻译是用同一语言的另一符号来阐释其言语符号。换句话说，语内翻译是同一语言间不同语言变体的翻译，或者说，语内翻译就是把一种语言材料用同一种语言换一种说法,即重新解释一遍。语内翻译包括古代语与现代语、方言与民族共同语、方言与方言之间的转换。英语学习中解释疑难句子常常用到的释义(paraphrase)其实也是一种语内翻译,即同一种语言内部的翻译。

语内翻译不一定要指向某个预设的真理,它还可以沿着不同的路线导向去往不同的目的地。唯一能够确定的是,对同一文本的阐释有着共同的出发点,在某种程度上,语内翻译不需要将意指对象完整真实地显现出来,它仅是一种表现形式,体现着人类精神的相互沟通和相互阐发的过程。人类精神文化的不断创造使人类的文化不断地丰富起来。

2. 语际翻译

语际翻译是指两种语言之间符号的转换。这也是真正意义上的翻译,是对原文符号在另一种文化中的解读。要想达到语际翻译层面的对等,就要使处于源语文化中的符号在目的语文化中得到正确的解读与传译。从符号学的角度来讲,一个语言符号的指示意义由三种意义共同构成:语义意义、句法意义和语用意义。如何正确地传达出这三种意义便是实现语际翻译的重点所在。

3. 符际翻译

符际翻译是指运用非言语的符号体系来解释语言的符号体系。浙江大学许钧教授指出,"符际"的翻译是人们经常使用的文字、语言、舞蹈、音乐、绘画等的符号之间的翻译。一般来说,一个人掌握了越多的符号,符号间的翻译能力就越强,感知世界的能力也就越强。可见,符际翻译是指原文符号在非言语层面上的解读。它并不传递原文的意义,而是传递对语言的直接感觉,是对作为基于图像符号意义本身特性的翻译。具体来说,符际翻译对等表明了原文与译文的一些相关的物理特征。虽然英汉差异使译文在句子的长度、标点符号的使用上难以达到对等,但在符际层面上至少能达到外观结构上的大致对等。

(三)其他学者的翻译分类

在翻译研究发展的基础上,还有其他学者从不同角度对翻译进行了分类。

根据翻译主体的性质或翻译的手段，翻译可分为人工翻译和机器翻译；根据翻译所涉及的语言的形式，翻译可分为语义翻译和交际翻译；根据翻译的处理方式，翻译可分为全译、摘译和编译；根据翻译客体的性质或翻译的题材，翻译可分为文学翻译和实用翻译；根据译者翻译时所采取的文化姿态，翻译可分为归化翻译和异化翻译。

随着翻译的不断完善，各国、各团体之间的交流日益密切。即使是在同一种文化的范围之内，也可以通过翻译活动的发展来推动文化的发展。翻译不仅是语言和文字的转换，而且具有很高的审美价值。翻译工作者在把握和理解原文时，必须对其进行审视和创新，以反映其审美追求和人文观念。

第三节　翻译的准备与过程

一、译前准备

好的开端是成功的一半，翻译作为一项较为复杂的实践活动，其前期准备是很重要的。

（一）了解翻译文本及作者

1. 文本分析

翻译前的文本分析是翻译的第一步工作。首先，要分析文本的体裁，例如，纪实文学是指借助个人体验方式（亲历、采访等）或使用历史文献（日记、书信、档案、新闻报道等），以非虚构方式反映现实生活或历史中的真实人物与真实事件的文学作品，包括报告文学、历史纪实、回忆录、传记等多种文体。纪实文学通过精妙的语言、独特的叙述方式以及丰富的故事情节将作品中展现的大量事实复现、再现和表现出来，因而纪实文学既具有实用性，又具有审美性。故在翻译时需考虑到社会性、文化性、文学性和简洁性，将源语文本中的语言文字和社交因素合理地体现在译文中。经济文本是非文学翻译中的一部分，经济文本翻译的主要目的是向目的语读者准确传达原文本想要表达的真实含义。非文学文本的翻译需要译者可以透彻地理解原文，并且用目的语读者可以完全理解与接收的话语去表达原文本的意思。

其次，对于文本的分析可以从文本外因素和文本内因素两个方面展开。

文本外因素包含发送者、发送者的意图、受众、媒介、交际时间、交际地点、交际动机、文本功能。文本的发送者是某人或某机构，他们利用文本向某些人传递某种信息或产生一定效果。就文本类型而言，德国学者凯瑟琳娜·赖斯按照交际功能将文本分成了信息型文本、表情型文本、操作型文本和视听型文本四大类。翻译中要关注原文的实际内容，在翻译过程中要立足于文本的真实性，并展现文章的审美性。

文本内因素包括文本题材、文本内容、预设、文本构成、非语言成分、词汇、句型结构和超音段特征。例如，我们对纪实文学的文本内因素可以从语言、句法和篇章三个方面详述。语言方面如下：①常见词汇、口语化词汇使用多，生僻词、复杂词使用少。②长短句糅合出现。句子种类以陈述句为主，而长句中插入语和从句使用较多，插入成分多为短语或者小短句，除补充必要信息外，也可体现作者情感。在翻译这些句子时需要在把握句义的基础上，保留原文作者的写作风格，凸显作者的感情色彩，传递出原作的语言特点和文体风格，并保持翻译的连贯性。③修辞体现较多。修辞可以增加文章的文学性，也可起到强调的作用。文本要将语义不明晰、含有作者感情色彩的语句以及含有修辞的内容转化为目的语的表达习惯，在保证译文"信"的基础上，尽量据实传递原文信息，展现原文语篇风格，既保证译文的准确性，又兼顾译文的可读性，保证译文读者获得与原文读者同样的阅读体验，达到语言语用方面的等值。句法方面如下：①长句与短句的结合。纪实文学在句法上往往注重长句与短句的结合，以适应不同情境下的表达需要。长句可以详细描绘场景、深入刻画人物，而短句则能够简洁明了地表达观点和情感，增强文本的节奏感和可读性。②复杂句式的运用：为了更准确地表达复杂的思想和情感，纪实文学中常常使用复杂句式，如并列句、复合句等。这些句式能够清晰地展现事件之间的逻辑关系，使读者能够更好地理解文本的内容和意义。③口语化表达：为了增强文本的真实性和亲切感，纪实文学中也会适当运用口语化表达。这种表达方式能够拉近作者与读者之间的距离，使读者更容易产生共鸣和认同感。篇章方面如下：①结构清晰：纪实文学在篇章结构上往往注重清晰明了，使读者能够轻松理解文本的内容和脉络。作者会合理安排段落和章节，使文本具有层次感和条理性。②叙述顺序的多样性：纪实文学在叙述顺序上具有多样性，可以采用顺叙、倒叙、插叙等多种方式。这些叙述方式能够灵活地展现事件的发展过程，使读者能够多角度地了解事件的全貌和细节。③主题突出：纪实文学在篇章上还会注重主题的突出和深化。作者会通过巧妙的构思和布局，使文本的主题更加鲜明突出，同时深入挖掘主题的内涵和意义，使读者能够深刻领会文本的主旨和精髓。

对经济文本内因素的分析，可以从文本的体裁、非语言成分、词汇、句法、语态、篇章结构等方面进行。从文本体裁上来看，与文学翻译不同，经济文本的翻译最重要的就是向读者传递信息，将源语文本的内容准确无误地呈现出来。一般在此类翻译中，译者不需要使用太多的修辞方法，因为此类文本的内容大多为客观事实类的信息以及专业术语，但需要译者具有缜密的逻辑思维，能够清晰地对原文本进行分析。因此，在进行翻译实践时要时刻谨记经济文本的文体特征，保持译文与原文风格一致。从非语言成分看，翻译实践文本中有大量图表等副文本内容，以对文本内容进行更直观的展示与说明，同时也使读者能够更加透彻地理解文本所列条目的深层含义。因此，在翻译时要将图表信息全部译出，一则图表可以更为清晰地展示原文论据，二则图表相较于文字更有说服力，同时也可以更加准确地反映出原文所述观点。从篇章结构来看，经济文本往往在字里行间存在着大量的逻辑衔接词，具有很强的逻辑性。因此，在处理该类篇章时，需对复杂的语篇结构抽丝剥茧，厘清内部的逻辑关系，力求译文能够条理清晰、符合逻辑。译者作为跨语言交流中的桥梁，首先要做的就是对源语文本的词汇特征进行分析。经济文本中含有大量的专业术语，但译者往往对该专业的专业知识知之甚少，这就需要在分析词汇的过程中通过平行文本做横向对比，同时进行必要的查询，对文本的词汇特征以及专业术语做出总结，避免重复查找造成不必要的困扰。专业表达以及复杂的句式结构增添了翻译的难度，在翻译时要通过具体的话语意义明确隐藏在概念意义之下的内涵意义。同时，在翻译实践过程中，可以借助相关理论更好地解释话语的弦外之音，解读其内涵意义。

2. 了解作者

要想了解作者，需要弄清楚他的生活时代、政治态度、社会背景、创作意图、个人风格等。比如，若要翻译一名作家的一篇小说，为了获得有关作者的一些基本信息，可以阅读作者的传记、回忆录，或者别人写的评传，或者研读文学史、百科全书、知识词典等。

3. 了解相关背景知识与超语言知识

背景知识是指与作品的创作、传播及与作品内容有关的知识。超语言知识按语言学的定义是指交际的环境、文章描述的环境及交际的参加者等。两个概念的外延合起来大约涵盖了前辈翻译家所说的"杂学"。具体来说，背景知识与超语言知识包括以下几个方面的内容：

①作品产生的背景。小而言之，作品产生的背景指作者创作的时间、地点、动机、心态、创作经历等；大而言之，则要包括源语当时的整个文化状态。

②事件发生的背景。即文学作品的故事情节发生、发展的背景，有大小之分、真实与虚构之分。

③专业知识。翻译某个学科、某个专业的作品，就应具备该学科、该专业的基础知识，这是翻译的起码要求。

④常识。有的知识算不上是专业知识，只是源语文化中的常识，但在翻译的过程中却不可掉以轻心。

⑤作品传播知识。即原作成书后的传播情况，如版本、评注、译文及社会效益等。

掌握背景知识与超语言知识对语言、逻辑、艺术和主题分析等都具有十分重要的意义。我们知道，任何一部作品都是一定历史条件下的产物，所以译者对于有关作品反映的年代以及有关国家、人民的文化、社会、宗教、政治、历史、地理、风俗等也要略知一二，这时可以浏览一些关于国家概况的书籍和期刊来帮助掌握背景知识和超语言知识。

4. 了解作者的创作手法

为了准确地了解作者，至少应该阅读作者的代表作，从中体会作者的思想倾向、创作手法、表述特点等，尤其是翻译一些经典作品时，也要选读作者的其他作品，这样对作者的理解就会更深刻一些。

5. 了解作者的语言风格

了解作者的语言风格也是十分重要的，译者可以试读若干段落，琢磨语篇的修辞特点和行文特色，初步接触作者运笔表意的特异之处，这对于译者翻译时有较大的参考价值。

（二）翻译计划的制订

制订翻译计划有助于有秩序地安排翻译实践的进度，保障翻译任务的顺利进行。首先，在确定翻译文本之后进行试译，并将该过程中遇到的翻译重点、难点及问题进行总结，确定翻译的主题。在经过相关人员的审核，并根据相关意见进行修改后，完成开题报告的撰写。同时，继续熟悉原文本，在对文本有了进一步的理解后查阅相关资料，充实相关背景知识，规范术语表达，为下一阶段做好准备。其次，对所选取文本进行初译，制订每日翻译计划，在规定时间内完成计划的翻译量。在初译的过程中，为了更好地提升翻译质量，译者可以准备有关领域的书籍以及平行文本，有助于提升在相关领域的知识储备。最后，对译文中存在的问题与错误进行标记、修改，并将翻译过程中遇到的重要问题进行分类，构建翻译的框架。在此之后对译稿进行进一步的修饰及润色，并开始着手框架的撰写。

（三）翻译工具的准备

"工欲善其事，必先利其器。"在翻译工作开始之前，必须先做好充分的译前准备。对于译者来说，准备好翻译工具是不可或缺的。翻译工具能够帮助译者解决很多翻译中的困难。

对于专业的翻译，要准备行业领域相关的书籍作为平行文本，补充相关方面的知识理论。并查阅相关专业方面的书籍和网站，以对要翻译的文章有更好的了解。

在翻译工具方面，可以查阅多本权威词典，如陆谷孙主编的《英汉大词典》、外语教学与研究出版社出版的《朗文当代高级英语辞典》、《牛津高阶英汉双解词典》（第八版）、《柯林斯英汉双解学习词典》（第八版）等；还可以查询朗文词典、有道词典以及海词词典等电子词典来辅助翻译。同时，可以查阅一部分语法书籍，以解决在翻译过程中遇到的复杂句法。

译者还可以浏览中国知网等相关网站，对专业术语和相关知识进行专门学习，以提高译文的准确度。除借助网络资源解决问题，为翻译实践提供帮助外，译者还可以查阅相关翻译理论书籍，主要有李长栓的《非文学翻译理论与实践》、叶子南的《高级英汉翻译理论与实践》、刘宓庆的《新编当代翻译理论》等。通过阅读这些翻译理论书籍，译者能更深刻、更透彻地理解翻译理论和技巧，这些都会对接下来的翻译起到很好的指导作用。

（四）翻译理论的准备

理论是指导实践的基础，翻译活动也要在理论的指导下进行。根据文本特点和翻译的要求，译者要选用适当的翻译理论作为翻译活动的指导理论。

例如，选取目的论理论。该翻译理论是由德国翻译理论家弗米尔（Hans Vermeer）于1978年首次提出的，其核心概念是：无论何种翻译，其最高规则都是"目的准则"。在翻译过程中，应遵循三大法则，即目的原则、连贯性原则和忠实性原则。其中，目的原则是首要原则，即翻译行为由翻译目的所决定。翻译行为的目的包含了三个层次：译者的目的、译文的交际目的以及使用特殊翻译手段所要达到的目的。一般来讲，翻译行为所需要达到的目的决定着整个翻译的过程，其中包括翻译方法和翻译策略的选择。目的原则的核心是译文的交际目的，即译文在译入语社会文化语境中对译入语读者产生的交际功能。连贯性原则是指译文必须符合语内连贯的标准，也就是说译文要具有可读性和可接受性，能够使译文读者理解，并且在译入语文化和使用译文的交际语境中有意义。忠实性原则又称"语际连贯"，是指译文应该忠实于原文，译文文本与原文文本应该保持一致，但忠实的程度和形式则取决于译文的目的和译者对原文的理解。总之，目的原则、连贯性原则、忠实性原则这三大原则是翻译。目的论的基本原则，其中目的原则是目的论的首要原则和核心，连贯性原则和忠实性原则都要服从于目的原则。

又如选用语用学理论作为翻译理论，为了使译文更加符合特定语言环境下的交际作用，更符合译入语读者的阅读习惯，译者要在翻译前对所涉猎领域的专业知识进行学习，同时通过阅读语用学以及语言学的相关理论知识以提升译者的知识储备，为控制翻译文本质量做准备。译者在进行翻译之前，要对文本的相关特点以及翻译技巧与策略有宏观的了解，同时，对相关理论书籍进行学习，以保证在翻译的整个过程中严格遵循翻译标准。在翻译的过程中，译者要进行语言的转换。某些词语在特定语言环境下若遵循原文形式进行翻译，会出现词语表面的指称含义与其深层次的言内意义不一致的问题，作为两种语言沟通的媒介，译者在翻译时要译出原文作者的意图，使目的语读者易于理解与接受。语用学正是研究交际者在特定交际情境中传达和理解的意义以及理解和传达的过程,因此在翻译过程中要引入语用学的概念,应根据原文的具体语境、交际者、社会文化因素等分析词语所蕴含的特殊含义以及所蕴含的意图,达到语用意义上的等值。在翻译过程中应抛开原文形式的干扰与束缚,追求深层次的对等,把握翻译语言之间的差异与统一,在翻译时通过适当调整句法及词汇,紧扣信息主旨,不受话语表面意思的束缚和局限,最大限度地实现文本的交际意义,传递原文信息,使跨文化、跨语言的交际获得成功。最后,译者还要考虑文本发送者的意图,考虑译文是否能够实现其交际意义,译文的接受者能否获得与原文读者相同的理解。

(五)翻译策略的选择

各种专业性的翻译在我国已经有一定的研究。就翻译应该遵循的原则而言,有学者认为翻译应该以读者为目的,译者应该考虑读者的心理需要、阅读习惯、思维方式、接受能力等。也有学者认为译者应该尽可能地尊重原文本,同时调整译文以符合目的语的表达习惯及读者的阅读习惯。另外,也有学者认为翻译应遵循的原则是"快、准、省",一些无关或意义不大的细节可以省去,以突出翻译文本的重点,使译文更加简练。

翻译策略方面,林小芹认为翻译策略的选择不应该是非此即彼,翻译中不可能仅使用一种方法。胡卫平、章磊指出翻译过程中译者应该尊重原作者的观点及原作的风格与文化,以异化为主。钱叶萍、王银泉对比了归化和异化策略,认为在翻译时不应该只采取其中一种策略。另外,很多译者提出了直译、意译、增译、省译、词类转换等翻译方法。廖志勤指出翻译标题时可以采取增译、省译、直译,使标题更加精练,具有内涵,吸引读者注意。

翻译策略和翻译方法的选择是由翻译目的决定的,翻译策略和翻译方法是实现翻译目标的具体手段。因此,译者可以首先选定翻译目的论为理论基础,然后在此基础上采取相关翻译策略和翻译方法,如意译、直译、增译、省译、调整语序法、拆分法、合并法等,以使译入语的语言真实、准确,减少译入语读者阅读过程中的障碍和理解偏差。

二、翻译过程

在制订好完善的翻译计划后，根据进度安排，开始着手具体的翻译工作。

第一阶段，对文本进行初译。首先熟悉原文本中的内容，把握文本风格，归纳文本类型的典型特征。在进行初译时，将忠实原文放在首位，所用的翻译方法大部分为直译，在翻译过程中严格按照翻译计划保证翻译进度，之后将晦涩难懂、不通顺的地方进行标注，并进行整理和汇总，这样有助于提高翻译效率，也能更有针对性地发现翻译中遇到的重难点问题。

第二阶段，对译文进行修改。在将初稿以及原文进行对照之后，进行进一步的翻译。在此阶段，对存在问题的译文以及复杂的句式结构进行分析和查找，并通过翻译工具的辅助对译文进行校对和检查。在此过程中，可以发现译文中存在多处语句不通顺以及翻译腔的问题。例如，对于经济文本的翻译，虽然经济文本属于非文学类文本，大多只需要直译，但由于源语和目的语两种语言存在多方面的差异，因此在翻译时需要结合具体语境进行分析，只有两种语言的读者都能对文本有同等程度的理解，即"译文措辞通顺自然，内容传神达意，读者感受相似"，才是达到了翻译的标准。

第三阶段，对译文进行润色。仔细推敲句子结构，提高可读性。若源语文本为经济文本，专业性较强，则可结合相关背景和书籍对译文进行进一步打磨及修改。

翻译活动是一项复杂的思维活动，翻译的过程是正确理解原文和创造性地利用另一种语言再现原文的过程，翻译的思维活动大体上可以分为阅读、理解、表达三个阶段。

（一）阅读

阅读是从文字中获得知识的一种方法，但获得了知识并不等于我们理解了知识，因此要区分阅读与理解。例如，在英语测验中，有一种题叫"阅读理解"，而非"阅读"。我们要知道,在翻译之前,译者的阅读与一般的阅读是不同的。译者在获得翻译文献时,应先把被译的文献全部读完,然后再加以分析,理解其内容和本质。只有对所翻译的文献内容有深刻的认识,才能准确地掌握宏观语境,在较大的语境背景下准确地理解每一句话的含义。

(二)理解

读者在阅读时,会受到自己能力的限制,对原文的理解力会有所偏差,但这并不重要,因为这是普通读者自己的事,不会影响到别人。然而,译者却要对原作的思想进行深入的了解,如果对原作的理解有偏离,那么,就会造成实际翻译工作的失误,甚至是错误的翻译,所以,了解原文很重要。如果译者不能深入地了解或者理解原文,那么就没有翻译的资格。

1. 准确透彻地理解

理解是翻译活动的根本,如果没有准确透彻地了解原文,就无法达到翻译的目的。每一篇文章都有一个概括性的主题,因此,要理解原文,首先要阅读全文,了解全文的主旨和语篇结构,而非看一句翻译一句。在掌握了文章的基本知识后,重点是对那些难度较大的句子和段落进行分析,这需要译者认真分析词义、分析语法、明晰各个部分的联系。正确的认识不能只停留在表象上,而是要从表象中把握事物的实质。一门语言为了传达某种想法,总是要使用一些词语、采取一些表现方式来传达。因此,理解不能只从字面上来,有时候,表面上看起来一样,其实意义不同。如果译者不能理解其中的意思,不能理解原文中所暗含的意思,不能理解原文作者所要表达的弦外之音,那么译文读者就更无法准确地懂得译作的真正意思了。

2. 依靠上下文理解

认真阅读上下文,才能在一定的语言环境中理解得更为深刻透彻。从语言学的观点看,孤立的一个单词、短语或句子看不出它是什么意思,我们必须把它放在具体的语言环境中，有一定的上下文才能确定它的正确意义。译者必须从上下文的关系中来探求正确的译法，所谓原文中的上下文可以是指一个句子、一个段落，也可以是指一节、一章乃至全文或全书。对原文做透彻的理解是确切翻译的基础和关键。为了透彻理解原文，必须理解所译原文的语言现象（词汇的含义、句法结构和惯用法），理解原文与上下文的逻辑关系以及理解原文所涉及的事物及其背景。

3.依靠广博的知识加深理解

人类的一切行为都会受到历史环境的影响和限制，因此，人们不是用一种空洞的思维方式来理解事情，而是通过自己的思维和知识来主动地参与。所以，翻译工作者要全面地了解原文，就必须掌握大量的知识，也就是所谓的"杂学"，从天文地理到各个国家的风俗习惯，译者都要有所了解。

（三）表达

在对原文进行阅读和理解之后，接下来要做的就是表达。所谓"表达"，就是指翻译人员在翻译过程中，将其从原文本中了解到的东西用其他语言加以再现。在此我们要澄清一个事实，理解正确并不代表能够正确地表达出来，正确地理解原文是先决条件，但是翻译的好坏取决于翻译的表达方式。

在翻译的语言表达上应遵循三个基本原则：①要保留原义，②要保留原文的文体特征，③要与译文的习惯相适应。这三方面工作的好坏将直接影响到翻译的质量。翻译中表达形式的优劣与译者对原文的理解的广度和深度有关，也与译者的文化修养有关。理解是先决条件，表达是关键，也是理解的成果。所以，在整个翻译过程中，表达是非常重要的。

三、译后事项

译后工作主要是校对译文，包括自我校对、同伴校对等，以实现对译文的优化调整。自我审校一直贯穿于整个翻译的过程中，首先是基础修正，包括对标点符号、错别字的修正。其次是对用词和长难句进行润色和调整，避免"翻译腔"的出现。最后是从语篇整体进行把握，时刻注意语体特征。由于自我校对存在一定的主观性和局限性，难免会有疏忽，所以在全文翻译之后要请同伴进行校对。同伴从目的语接受者的角度对译文进行校对，在行文过程中不适当的地方做标记，并提出翻译意见，译者据此进一步修正优化译文。

第四节　翻译的价值与目的

一、翻译的价值

（一）翻译的社会价值

翻译的社会价值是伴随着时代的变迁与发展而存在的。翻译的社会价值主要表现在对社会交流和发展的促进上。翻译也是对语言的再次创造，可以改变人们的思维。

（二）翻译的美学价值

翻译实践中的任何一部佳品都体现着译者对美的追求和美的价值呈现。

①翻译家许渊冲认为，求真是低要求，求美才是高要求。

②对于严复的"信""达""雅"中的"雅"字，现代翻译学家赋予其新的含义，就是要求译文应该具有美学价值。

就翻译本身而言，它不仅是单纯地对语言进行转换的过程，也是移植到译文中的一种创造美的过程。翻译的美学价值体现了人们对美的追求。

（三）翻译的文化价值

当前，人们对翻译的认识和理解正在逐步加深，因此，翻译的文化价值也受到了人们的关注。而一个国家或个人的语言文化价值观念也会影响到他们对待其他语言文化的态度，所以，译者要意识到翻译的文化价值。

（四）翻译的创造价值

翻译的创造价值具体可以体现在以下三个层面：

①从社会层面而言，翻译作为一种以交流为基础的社会活动，同时为译者创造力的发挥奠定了基础。

②从语言层面而言，为了真正导入新的事物、观念和思路，文学语言艺术的翻译就是在源语的基础上对语言符号进行转换并创造的过程。

③从文化层面而言，翻译中导入的任何异质因素都具有创新性，蕴藏着一种求新求异、敢于打破自我封闭局限的创新精神。

（五）翻译的历史价值

从人类的历史长河中可以看出，任何一次重大的进步和发展都离不开翻译。但是，作为人类进行跨文化交流的一种行为，翻译本身就具有一定的历史局限性。

翻译的历史价值包括两个层面：①从人类的翻译实践出发，审视人类的历史发展过程。②从历史发展的视角审视翻译活动的内涵和扩展的可能性。

在翻译实践中，译者必须对其历史局限性有一个清晰的认识，并辩证地认识其局限性。

二、翻译的目的

各民族语言在不同历史阶段的发展是不均衡的。翻译作为文化交流的桥梁，承载着多重使命。它不仅是科学、宗教、政治等领域信息传递的工具，更是文化交流与融合的重要途径。翻译工作的目的之一就是促进不同语言文化间的交流和融合，促进人类社会文明的发展和进步。

我们经常说,经济是基础,而文化属于上层建筑。任何严肃认真的翻译活动,在客观上都是一种文化交流,而这种交流必然会导致不同的文化交融。所以,现在只谈文化交流是远远不够的,应该把文化融合起来。

第二章 英语翻译相关理论

现代英语翻译离不开英语翻译相关理论的指导，只有在研究和学习相关翻译理论的基础上才能实现英语翻译实践，了解英语语言学习的认知心理过程，探索英语翻译的规律。本章分为心理语言学理论、语用学翻译理论、对比语言学理论、模糊语言学理论四个部分。

第一节 心理语言学理论

一、心理语言学概述

心理语言学是心理学的分支学科，主要探究人类如何获取、理解并生成语言。它是从心理发展的过程以及心理生成机制的角度来研究人类语言的特点的。心理语言学主要围绕两个方向进行研究，包括行为主义的研究方向和认知心理学的研究方向。在20世纪50年代，心理语言学主要是受到行为主义心理学和描写主义语言学两个理论的影响。随着乔姆斯基的转换生成语法的盛行，以米勒为代表的心理学家将转换生成语法的理论融入心理语言的研究中，之后受到实验心理学的影响，人们逐渐从乔姆斯基的转换生成语法过渡到用实验探索贴近现实的心理语言，并通过这些实验从不同方面对学习者的交际行为进行深入研究。

（一）心理语言学的产生

心理语言学的萌芽时期是在19世纪末20世纪初。德国心理学家冯特（Wilhelm Wundt）创建了世界上第一个心理学实验室，研究心理现象及其产生的因素。这一时期美国人类学家博厄斯（Franz boas）开始研究心理学和语言学的融合。20世纪30年代末40年代初出现了"心理的语言学""心理语言学""语言心理学"等术语，这些都为心理语言学的产生奠定了基础。20世纪50年代以后，"心理语言学"逐步被采纳。这一切都为20世纪的心理语言学或语言心理学的学科建设打下了坚实的理论基础。虽然这一阶段的心理学家致力于揭示人类的心理特征，但很多语言学家也将注意力集中在语言的本质上，把语言学和心理学结合起来是时代的客观需要。1953年，美国印第安纳大学召开了"心理语言学研讨会"，此次会议正式采纳了"心理语言学"这个术语，从此一门独立的分支学科便诞生了。

（二）心理语言学的发展

心理语言学的发展大致经历了三个阶段：早期研究时期、重大突破时期和跨学科发展时期。第一个阶段的研究内容是儿童语言习得和儿童心理，其中一个重要研究即库斯谟（Kusmo）开创的新生儿心理生活的研究和实验。这一阶段的《心理语言学：理论和研究问题概述》成为心理语言学研究的"宪章"。第二个阶段心理语言学研究获得了重大突破，乔姆斯基提出了转换生成论，他认为语言理论应当阐释人类语言中所蕴含的知识，并着重于对其进行创造性的探讨。他还提出了"语言习得机制"，这是儿童大脑中天生的。第三个阶段是心理语言学的跨学科发展，它的研究重心由表面结构、言语行为向底层结构和认知结构转变，同时也受到了认知心理学及人工智能的影响。在语言理解和知识表征方面，人工智能对心理语言学产生了重大的影响，人们对句法结构也重新产生了研究兴趣。

二、心理语言学理论下的翻译

（一）语言记忆与翻译心理

翻译通过对人类大脑的思考过程和规律的探索，为构建相应的认知心理模型提供了理论依据。而过去，基于语言学理论的模型难以准确地描述翻译的性质，也很少涉及翻译的思维过程，因此与单语的理解和接受没有太大的不同。

1. 人类信息处理模式

人类信息处理模式至少应当包括以下特点：①感官接收到并传递给大脑的感觉刺激是无序的，而不是有组织的。②处理系统能够把输入的连续刺激转化为无联系的信息单位。③即使是降级的或歧义的刺激也能进行处理。④本身不具有意义的信号一旦被接收到就能转化为有意义的信息。⑤能够很容易、很精确地对大量信息进行处理、贮存、获取、使用。

信息处理过程有三个明显的阶段，每个阶段都与某一存储系统相联系。但是真实的信息处理过程并非一个单向的自下而上的过程，翻译的过程模式就是这一处理模式的例子。

2. 知识的存储和获取

知识包括事实知识和程序知识。事实知识是指我们所知道的事物，是能够通过感官接收的知识。程序知识是指知道如何做某事，是在我们的意识之外的。翻译主要需要的是程序知识。我们可以通过人类信息处理模式把译者个人的、私有的程序知识转化为普遍的、公开的程序知识，即把这种内在系统进行外化处理。

知识的类型化也非常重要，如果没有知识类型化的能力，我们就不能对实体进行辨识，也不能与他人交流，因为双方缺乏共同基础来交流各自的经验。这种类型化的知识又可分为两种：一是典型，即从经验中得来的关于某个实体的一系列特征。二是原型，即储存在记忆中的理想类型。

3. 记忆

记忆的结构和功能可分为两大类，即情节记忆和概念记忆。情节记忆是对自身经验的记录，因此是具体的，与环境相联系的。概念记忆也称为语义记忆或指称记忆，反映的是知识组织形式，即事件和情境的结构。

不管信息是以情节记忆还是概念记忆储存在记忆中，必须得有某种途径来提取信息。信息储存于记忆的过程即输入的信息通过编码，被置于数据库中恰当的位置，并把新信息与旧信息结合起来，形成概念单位的一部分。然而，提取信息的过程并不是把这个过程颠倒过来就行了。我们还可以借助数据库本身和提取系统来提取相关信息。

4. 文本转换

考虑到翻译活动和翻译过程的多样性，还需要译者具备以下文本转换能力：书面—书面（最为常见），书面—口头（如视译），口头—书面（如连续口译前的记录），口头—口头（如同声传译）等。文本转换的翻译活动受到以下三方面的限制：①任务，即译者所要做的工作和所要完成该工作的背景。②文本，即原文的语言和语篇结构。③译者，即译者的语言知识和技能。这些限制共同构成了影响翻译过程的输入环境，而由于每个行为者认知资源的差异，这种输入环境带来的影响也不尽相同。比如，"任务"的完成是有严格时限的，但是，口译与笔译的时限是有区别的。笔译的时限相对宽松，译者有足够的时间来分析原文，而口译人员必须对每个句子都做出回应。原则上，笔译工作者在做出最优的选择之前，可以充分斟酌并权衡利弊，然而，口译工作者别无选择。文本的词汇与风格对于译者的限制则更进一步。如果说单语交际中的听与读是为了理解，双语交际中译者的听与读则是为了翻译，虽然二者都以获得信息为主，但对于前者来说，获取信息为第一要义，对于后者，则要分析出信息中影响翻译活动的因素，并将其如实呈现在译文之中。

单语信息接收者与双语信息接收者的角色也不相同。前者以信息发出者为取向，关注发话人的信息，以便做出某种回应；而后者以信息接收者为取向，其关注发话人信息的目的是将信息传播给译文的接收者，而不是由自己来做出回应。译者认为自己在理解原文时需尽可能自我克制，才能最大限度地满足和尊重译文读者的期望。在单语口头交际中，应答语与发话语语言相同，且通常风格也相似，但语义内容不同，句子结构与语用意图也不同。而翻译恰好相反：首先，翻译使用的是与发话语不同的译文语言。其次，翻译保留了与原文相同的语义内容，尽管信息内容在转换时不可避免地有所调整改变。翻译过程模式不仅需体现普通交际的所有特点，还需包含翻译活动独具的特征成分，特别是翻译问题的识别与解决问题的策略。翻译过程不是直线型或圆周式地从源语文本到译语文本，而是不断修正、循环往复的一个过程。

（二）语言感知与翻译心理

语言感知是语言加工初期最重要的一个过程，因为若要理解所接受的语言输入，首先要将输入的声学或者视觉信号转换为语言符号。语言的感知虽然也包括书面语言的辨认，但是其主要的研究都集中在语言听辨的研究上，日常交流中的语言因人而异，因语境、情境而异，此外还受外部噪声的干扰，但是人们却能够将所接收的声学信号与语言符号匹配起来，为正确理解语言奠定基础。

1.感觉记忆与翻译心理

感觉记忆又称感觉记录器或感觉储存器。一般认为感觉记忆由两种记忆组成：一种是图像或视觉记忆，另一种是声音记忆。当外部刺激直接作用于人类感觉器官并产生感觉像后，即使不再有刺激，感觉像仍可以以各种声音、图像、文字等原始的、未经加工的形式在人的记忆里保持极短的时间。感觉记忆是信息加工的第一个阶段，对译者的短时记忆加工质量与数量、源语理解等都会产生重要的影响。无论是从与笔译密切相关的视觉记忆来看，还是从与口译密切相关的听觉记忆来看，感觉记忆对双语翻译都极其重要。

2. 知觉和翻译心理

知觉一直是心理学研究的一个重要领域，认知心理学的兴起使人们对知觉的实质和过程的认识发生了变化。认知理论对知觉的一个基本假设是，知觉是一个包含复杂过程的心理操作。

知觉对翻译过程的启示主要表现有三：第一，尽管环境刺激是翻译过程的前提条件，但是离开人脑的内部加工过程，环境刺激就只是推动被感知的可能，仅仅保留原有的物理特征，而不是转化为知觉信息。第二，环境刺激与内部加工不是各自孤立进行的，其间应存在一种互为条件、相互作用的互动关系。第三，直接知觉论强调输入信息加工的自下而上的驱动方式，而间接知觉论则强调信息加工的自下而上和自上而下兼而有之。第四，间接知觉理论认为，知觉有记忆和内部表征的参与。

（三）语言理解与翻译心理

语言理解分为语言识别、句子理解和语篇理解三个层面：

1. 语言识别

语言的识别是语言理解的初级水平，它指言语交际者通过知觉加工，对以听觉或视觉呈现的语言刺激进行初步编码的过程。语言识别可反映语言交际者的感觉、知觉加工的能力或水平，它是实现语言理解的必经阶段，并为语言理解提供了必备的基础。

2. 句子理解

句法分析是一个将表层结构的句子成分赋予语言范畴的过程。句法分析有两大对立的理论：模块论和互动论。模块论认为，我们听到的每一个词首先会激活句法处理方面的策略，这些策略使得我们更倾向于将听到或看到的词附在最近的句子成分上，而不是前面的某个句子成分上，或重新构建一个成分。互动论则强调我们同时使用所有可能的知识来理解句子，包括词汇知识、语篇上下文的信息、上下文中的句子等。

总的来说，我们可以使用隐喻来传递难以表达的意念和感受，使用间接言语行为来表示有礼貌的请求。我们首先考虑并拒绝句子的字面意义，然后使用一些交际规约来建立说话人打算要表示的意义。

3. 语篇理解

任何语篇都存在多层次的语义联系，语义连贯的语篇有时是无形的衔接，有时是有形衔接。这些隐形和显形的衔接形式增强了语篇语义的连贯性。理解语篇首先要理解语篇中句子之间的联系。句子有新信息，也有已知信息，所以要先确认句子中的新信息和已知信息，然后将新信息放在前置信息所确定的记忆位置上。如果找不到前置信息，那么我们在理解中不得不进行一些连接性的推理，如果前置信息太远，我们也就不得不重新再引入前置信息。

（四）语言产生与翻译心理

1. 理论基础

在心理学家看来，语言生成是人们利用语言表达其思想的心理活动或认知过程。在双向的言语交际活动中，语言生成与语言理解密不可分、相互影响，进而构成"理解—生成—再理解—再生成"的不断交替、循环往复的心理过程。语言生成一般包括口头语言的生成和书面语言的生成，它们都是从意义到发出声音或写出文字、从内部表征转化为外部语言的过程。

语言的生成和语言的理解反映了人的语言心理活动的两个不同方面。语言生成表现的是说话人或作者把意义转变成声音或文字的心理过程，它包括造词、组织句法或语义等，人们经历的是思想深层向语言文字表层的转换。

2. 语言产生的心理模式

对于翻译语言生成，人们提出了"心理词典"的重要概念，它是指保存在人脑中的一部储存了大量词条、语法、语音及词义的"词典"。

"心理词典"的词语储存按照一定的规律记忆或提取，按照使用频率排列检索。由于语言分为音位、语素、词、短语、句子五个层次，语言在头脑中存储的方式也有不同的层次，既可以从语音、词语的形态表征，也可以从句子、课文的形态表征。

"心理词典"储存的言语的语音属于声音表征，而文字符号属于影像表征。关于语言在大脑中以何种方式表征，有的学者认为是以概念及命题的方式表征，有的学者认为是以表象或声音的方式表征，有的学者认为两种方式都存在。有学者猜测，双语人的两种语言功能代表区分别位于人脑两侧半球，然而这种假定被裂脑人的语言功能区并不是分别位于不同半球的事实推翻。也有研究者认为，两种语言的词汇均储存在独立的词汇系统中，但概念储存在两种语言共同的表达系统。

普通儿童通常生活在单一语言的环境中，他们的语言认知过程是先有词汇，后建立小概念。大多数人在第一语言习得后，就在头脑左半球形成了建立在第一语言基础上的词汇和概念的关系。他们在人生的某个阶段开始学习第二语言，对第二语言词汇的学习采取有别于第一语言的记忆策略。罗伯特·西尔弗伯格等人的实验证实，以希伯来语为母语的儿童，对希伯来语的刺激词表现为左脑优势，当他们学习英语进入第二年时，对英语的刺激词却表现为右脑优势，学习英语第四年时，这种右脑优势下降，到第六年完全转化为左脑优势。这表明，普通儿童对第二语言的学习开始时是作为非语言材料储存在大脑右半球的，随着熟练程度增加，最后与左脑的语言词库实现统一。

第二节　语用学翻译理论

一、语用学概述

（一）语用学的含义

语用学作为语言学研究的一个分支领域，是一门发展历史并不长的应用学科。语用学的研究最初仅限于哲学领域，由美国哲学家威廉·莫里斯（William Morris）于1938年提出。之后，以H.P.格赖斯（H.P.Grice）为代表的语言学家用言语行为和会话含义理论奠定了语用学的理论基础。

关于语用学的定义众说纷纭，但根据各分支语用学的研究内容来看，都强调在具体语境中的言语运用。

列文森（Stephen C. Levinson）认为语用学研究的是语境对于语言在语法结构和编码过程的组织作用。这个定义强调语用学就是利用语境去进行话语理解的过程，这个过程是围绕着语法和言语编码的传递过程。

语境的重要性之于语用学是毋庸置疑的，我国的语言学者对语用学的定义也同样是仁者见仁，智者见智。何兆熊教授提出，"语用学的基本概念有两个重点要把握——意义和语境"。[1]何自然教授在《新编语用学概论》一书中也提出，"语用学研究如何用特定的话语去表达特定情境下的对话主题，让人们能深入话题理解话语的深层含义"。[2]

以上所列举的关于语用学的定义仅仅是冰山一角，但研究具体语境下的话语生成和话语理解是具有共通性的。语言是一种音义结合的符号系统，语用学就是对语言这个符号系统进行重组改造的"使用说明书"。

---

[1] 何兆熊.语用学[M].上海：上海外语教育出版社，2011.

[2] 何自然.新编语用学概论[M].北京：北京大学出版社，2009.

（二）语用学的研究范围

语用学是内涵丰富、外延宽广的一门学科，其研究涉及社会、文化、心理等多个领域。从语用学的定义来看，它所研究的不是交际行为本身，也不是语言符号的象征意义，而是在交际过程中的语言文字运用问题。

语用学发展至今，已延伸出许多分支，拓宽了语用学的研究领域，其中交际语用学与教学语用学以高度的实用价值在语用学的发展过程中熠熠生辉。

1. 交际语用学

交际语用学研究交际过程中的语言文字应用问题。学习交际语用学的目的是使人们在交际过程中语言表达更为完善，能使表达效果由实用转化为艺术，更得体、恰当地让说话人与听话人在表达能力与理解能力上达到完美的统一。交际语用学提取了语用学的知识来扩展交际的教学研究，是一门集实用性、知识性于一体的学习理论。它的研究一方面涉及制约语言使用的前提条件，另一方面也确定了语言使用的具体规则和研究对象。从交际语用学的研究对象可以大致了解交际语用学研究的范围。

一是研究交际中的语言表达材料。语言由语音、词汇和语法三要素构成。其中语言表达材料就是指交际过程中所要运用的词汇。要想使语言达到交际的目的，就要了解并且掌握交际的材料。这些材料是经过长时间积累而成的，只有掌握了丰富的语言材料，才能更好地运用语言去构建交际语言体系，使每一个语言材料都运用得恰如其分。在交际过程中，语言组织是否流畅、是否具有逻辑性或艺术性，就在于语言体系的构建是否合乎规律。

二是研究交际中的语言表达形式。形式一词既可以指交际对象的本体特征，又可以指交际的方法。交际语用学用形式化的手段研究语言表达中关于交际语用的现象，其形式就是以对话展开的语言活动。对话语言是基于两者或两者以上的言语交谈，从对话中研究语言运用的规律。因而，在面对面的交谈中，对话语言要尽可能的完整、富有艺术性。在组织语言材料上不仅要做到悦耳动听，还要做到语言运用得自如流畅。就正如在课堂教学中师生之间的对话交流，如果没有充沛的情感交流，就如同机器人的对话永远都是冷冰冰的，这样的对话就缺乏了真正的语用价值。

三是研究交际中的语言表达环境。语言学家斯蒂芬·C·列文森说："语用学研究语言使用者在具体语境中合理运用语言的能力。"交际语用学研究交际中的语言表达环境就是为了在交际教学中把握语言环境、利用语言环境、营造语言环境，使交际更加和谐顺畅，有助于改变交际无话可说的局面。

四是研究交际中的语用策略。语用行为的发生是由听说双方共同执行的，语用者的心态、语用艺术的熟练程度、语用行为的实施策略等因素都会直接影响交际语用的效果和质量。因此，为了提高人们的交际水平，就要研究交际过程中语用者的语用策略，从而让交际教学行之有效。

2. 教学语用学

作为一门崭新的学科，教学语用学的兴起意味着把语用学首次与语言教学联系在一起，这是具有实践意义的积极探索。李三福在《教学语用学原理》一书中把教学语用学定义为："教学语用学是把语用学的理论知识运用于教学实践的一门学科，它提供了更贴切于教学实践的理论和方法。"教学语用学适用于交际课堂教学是毋庸置疑的。

其一，教学语用学关注教学语言的得体使用。教师教学语言的得体性决定了师生之间能否进行平等、公正、公开的对话与交流。得体恰当的教学语言就是一门说话艺术，能有效地营造课堂氛围，提高教学效率。所以，在教师教学过程中要想让教学语言得体大方，就要做到以下几点：①教师教学语言的使用必须准确，既要符合语法规范，又要贴合具体语境，不能说"空话"，要说"实话"。比如教师在进行教学评价时，对待优秀生和后进生的表扬和批评方式上就要有所区别。在进行表扬时，要避免优秀生骄傲自满情绪的滋生。在进行批评时，要关注后进生失落自卑、自暴自弃的心态，以鼓励为主。②教师的教学要有真情实意,做到晓之以理、动之以情,使学生能感同身受,这样就能达到以情感人、以诚服人的目的,增强教师在学生心目中的地位。相反,如果教师只会夸大其词,对学生虚情假意,对教学敷衍塞责,就会严重影响学生对教师的信任。③教学话语要遵循一定的语用原则。有了语用原则的指导,教师话语的使用会更加得体,教师话语的信度与效度也会增加。

其二,教学语用学关注教学的对话理解。语言的传递就是为了进行信息交流,而理解就是语言传递成功的标准。教学语用学在某种程度上是指在教学过程中教师和学生在沟通与交流上既能做到话语理解又能做到人际理解。就前者来说,教学语用学从说话人(教师或学生)和听话人(学生或教师)双重角色出发,研究特定语境下对教学话语的理解,强调了语境对话语理解的重要性。话语的内容决定了理解的程度,语境的辅助作用也能加深理解的效果。比如教师在说教学案例时,不能偏离主题,要贴合实际,让学生深度分析、独立判断。就后者来说,人际关系是复杂多变的,和谐相处的前提就是要去理解对方。话语理解并不是简单地对说话内容进行理解,而是在话语中理解并形成共鸣,是从对精神世界的探索上升到对自我的认识、对他人的认识。在教学过程中如果能设身处地站在对方的角度思考问题,就更能实现师生之间的相互理解、自我理解和共同理解。

(三)语用学与翻译

翻译的目的在于通过翻译尽量还原原作,而译者在翻译时不仅要了解原文,还要注意社会环境,注意所传达的情感和意图,这与语用学的价值是一致的。

语用学是一门专门研究说话人想要传达什么信息的学科,它是一种特殊的基于上下文环境的研究。也就是说,语用研究离不开篇章,而翻译实质上就是篇章的翻译,因为篇章是语言内部环境中最大的一个层次。可以说语用学与翻译的目的是相通的,二者的目的都是把一种语言转换成另一种语言,因此,需要树立语用学的翻译观。比如在翻译纪实类文本时,文体倾向于写实,目的在于使译入语读者在阅读过程中能够得到与原文读者相同或相近的理解和感觉，能够正确地把握原文的内容和作者的情绪。

语用等效是语用翻译的核心，在两种语言的语用比较中，译者要将原文作者的意图传达给目的语读者，以便于读者理解和接受。语用语言等值是指译者在翻译过程中要全面掌握语言，挖掘文本的隐性意义，将译文以自然的方式传达给目的语读者，而非局限于语言的词汇和语法，从而达到译文与原文的等效。社会语用等值需要在翻译时考虑到其所处的文化环境、社会环境、受众的认知环境，并运用适当的词语来传递语篇的大背景。

二、典型的语用翻译观

语用翻译学是语用学与翻译学交叉的产物，起源于国外，后传入我国。其中，国外的纽马克（Peter Newmark）、贝尔（Roger T. Bell）、格特（Ernst August Gutt）、希基（Leo Hickey）与国内的何自然、钱冠连、侯国金、曾文雄等学者的研究具有一定的代表性，且影响深远。以下将对国外、国内一些典型的语用翻译观进行回顾梳理。

（一）国外典型的语用翻译观

美国哲学家莫里斯研究了语言的使用与语言使用者的关系，拉开了国外语用学相关研究的帷幕。1997年《语用学杂志》的发行，标志着语用学的成立。语用学在不断发展与完善的过程中，也与一些学科相互渗透，其中语用翻译学就是语用学与翻译学借鉴交流的产物，语用学为翻译研究提供了理论的支撑与引导。

英国著名翻译理论家彼得·纽马克按照文本功能将文本分成了"表达型""信息型""呼唤型"三类。根据文本功能的不同，他提出了"语义翻译"与"交际翻译"两种翻译手法，并且强调交际翻译时在语用上的等值。英国语言学家贝尔从认知的角度描述了两种语言间的翻译行为，指出翻译过程可分为分析和综合两个阶段，每个阶段包含了不同的操作领域，即句法、语义及语用三个方面。威尔逊的学生格特提出了关联论翻译观，并提出了相应的翻译模式。里奥·希基汇编的《语用学与翻译》从多方面探讨了语用学对翻译实践的制约与影响，其既有翻译本体研究，也有跨学科的研究，对从事翻译研究教学的人员、高等院校师生以及其他相关学科的研究者均有很大的借鉴和参考价值。在俄罗斯的语言翻译学派中，语用学翻译研究也是研究的重点之一。

（二）国内典型的语用翻译观

国内语用翻译萌芽于20世纪60年代末。典型的研究成果是1969年语言学家赵元任发表题为 *Dimensions of Fidelity in Translation, with Special Reference to Chinese* 的文章，后由王宗炎译为《译文忠实面面观》在《翻译通讯》上发表。赵元任在文章中探讨了语义和语境的关系，强调了语用和功能的对等。

国内语用学翻译理论研究兴起于20世纪80年代。代表性的研究成果主要有张亚非讨论等值的问题，指出双语之间的翻译要注意源语与译语的语言结构等值、语义等值和语用等值；曾宪才结合语义、语用、翻译阐释了语用学翻译观，这一观点与张亚非的语用学翻译观具有一些的相似之处。

国内语用学翻译理论研究蓬勃发展于20世纪90年代至今。其中何自然、钱冠连、侯国金、曾文雄等学者的相关研究成果具有一定的代表性。何自然提出了语用等效翻译的观点，并区分了"语言等效翻译"和"社交语用等效翻译"，并结合汉英、英汉的实例具体地提出了"语言等效翻译"的方法、"社交语用等效翻译"的方法，以及"语言等效和社交语用等效翻译"综合的翻译方法。钱冠连把语用学在翻译中的体现简括为"语用学翻译观"，并通过英译版本《红楼梦》中的相关语例进行论证。侯国金指出在某一语用学理论的指导下，对语用标志、语义语用模糊等语言现象进行研究，其研究的范围更加具体，为在语用翻译理论下进行具体研究提供了一种模式，具有一定的操作性。[①]曾文雄从多角度对国内外语用翻译研究的相关理论成果进行了介绍，具有理论的深度和广度，注重学术性、系统性、前沿性，兼顾理论建构性和批评性，具有较强的专业性和广泛的适用性。李占喜综合运用了关联理论、顺应理论、社会心理学理论来描述翻译过程的动态性，构建了"关联—顺应研究路向"的翻译过程，提出了"以译文读者为中心的认知和谐原则""译文读者认知和谐的语用翻译策略选择原则"，指导译者选择合适的语用策略。

此外，黄国文、叶苗等学者都从不同角度、不同层次对语用翻译及相关理论进行了研究，并取得了一定成果。如今，语用翻译理论已经成为翻译理论的重要组成部分之一，越来越多的学者开始关注语用翻译理论，并进行研究、实践、补充和完善语用学翻译及相关理论。

三、语用学视野下的翻译

（一）指示语与翻译

指示语是一种普遍的语言现象，指"在不知其使用语境时就无法确定其所指语义的指示词或指示句"。指示语这一语言现象的存在充分说明了语言与语境之间的密切关系。指示语是语用研究中的一个重要问题，它反映了语言与其所处的环境密切相关。指示语是一种特殊的交际活动，尤其是在两个人的对话环境中，为了更好地理解人们所谈论的人、事、过程和活动，必须把它们和具体的语境因素联系起来。指示词是一种语言层次和语境层次的接口，用特定的词语来表达某一特定的事物，其意义要与语境相联系，在翻译指示语时，应从语境、说话者、受话者等几个角度，推测出所指的对象，并在此基础上，考虑到文化与社会的适应性。

---

① 侯国金.语用学界面研究[M].广州：世界图书出版广东有限公司，2016.

(二)语用预设与翻译

语用学视角下的语用预设是指两个具有不同意义的命题间的一种关系。语用预设在翻译中起着举足轻重的作用。首先，翻译的成功与否和翻译的含义有着密切的联系。从系统功能语言学的语境、语义、词汇语法三个方面来看，译者要从词汇的语法中获得语义，从语境中获得语义，然后从语境中选择词汇。在翻译过程中，译者利用关联思维获得语篇的关联，从而构建语篇的一致性，找到翻译的最佳文本。语用预设是指在言语交际过程中，使用者对上下语境的感知，这是与说话人的信仰、态度和意图有关的前提。将语用预设与上下文分析相结合，有助于读者准确理解原文的意思，避免在翻译过程中出现差错。

(三)会话含义理论与翻译

我们所说的话和我们说话的用意之间常有一定的距离，这种话语的用意就是"会话含义"。会话含义关注说话人说话的用意，是语用学的核心内容，在言语交际中起着十分重要的作用。听话人要懂得说话人的言下之意、弦外之音，要明白说话人到底是直言不讳，还是指桑骂槐或声东击西，这些都离不开语用学的指导，因为语用学正是研究特定语境中的话语意义的，它为言语交际中话语意义的恰当表达和准确的理解提供了理论、方法和一套应该遵从的原则和准则。

语言学家格赖斯提出了著名的会话含义理论，认为言语交际双方在使用语言时要遵守使用原则的四准则：量的准则、质的准则、关联准则及方式准则。每一个准则下又包含了一些次准则，主要概括如下：

量的准则指所提供的信息应是交际所需的，且不多不少。量的准则包含两个次准则：①所提供的话语应包含交际目的所需要的信息，②所提供的话语不应超出所需要的信息。

质的准则指所提供的信息应是真实的。质的准则包括两个次准则：①不要说自知虚假的话，②不要说缺乏足够证据的话。

关联准则指所提供的信息要有关联或相关。

方式准则指提供信息时要明白清楚。方式准则包括四个次准则：避免晦涩；避免歧义；要简练，避免啰嗦；要井井有条。

格赖斯提出了语言使用原则，同时他也指出人们在交际中也有不遵循原则的情况，当会话的一方违反使用原则下的某项准则时，会话的另一方察觉后就需要越过对方话语的表面信息，去推理说话人话语中所隐含的信息，体会出说话人的真实目的，也就是会话的含义。在言语交际中，交际的双方都应该遵循语言使用原则，在会话中要提供真实、量足、相关、简明的信息，这是格赖斯为人际交往设置的理想路径。在实际的人际交往中，交际双方并不一定遵循语言使用原则，当交际的一方违反语言使用原则中某条或多条准则后可能会产生会话含义，且与特定语境密切联系，会话含义的产生与具体的语境有关，也与违反准则有关。

人们说话时一般遵循这四条准则，但有时在交际中也会打破这些准则。格赖斯明确指出：反语、隐喻、夸张和弱言都是说话人有意违反会话的质量准则。例如，使用修辞格的目的是通过使用比较含蓄的语言来达到更加强烈的语气、更加生动的表达。尤其是隐喻，多年来一直是语言学家和翻译学家关注的一个焦点。

另外，还可利用会话含义中的合作原则解释文学文本和翻译的现象，特别是小说中对话的翻译。小说对话体现的是交际功能和语用意义，在翻译理解过程中，可以结合会话含义理论来合理推导会话含义和理解说话人的互动，提供翻译的标准；可以采用增词，即增加超语言信息及其他技巧来帮助目标语读者推导语用含义，如实再现原小说的对话场景。在口译过程中，合作原则可以建立讲话人—译者—听者的合作关系，确保交际双方成功交际，同时合作原则还可以作为口译质量的标尺。

总之，译者必须了解源语和译语之间的不同的语用原则，设法沟通双语的语用意义的差异，填补语用意义的空缺，使原文的合作原则与译文的合作原则一致。合作原则对言语交际有着一定的制约作用，一般情况下交际的双方都会遵守这一原则及相关准则，并且也希望对方能够遵守。相比起遵循的情况，人们关注更多的是违反合作原则的情况，当说话人故意违反合作原则的某一准则时，话语中就可能产生会话含义。

（四）言语行为理论与翻译

言语行为是一种非常有意义的语言现象。这一概念最早是由英国哲学家奥斯汀（J.L.Austin）于1950年提出的。按照言语行为学的观点，我们是在进行一系列的行动，也就是"言内行为""言外行为""言后行为"。"言内行为"是指通过句法、词汇和音位来表示词语、短语和句子的行为。"言外行为"是指在说出某种话语时，采取相应的行动来表达自己意愿的行为。"言后行为"是指由说话或说出的话所造成的结果或发生改变的一种行为，即说出某种语言而发生的行为。

奥斯汀将言语行为理论视为一种独立的语言表达意义的研究，塞尔（John Roger Searle）将其提升为一种解释人类语言交流的理论。塞尔把语言看作一种有目的的行动，认为它受到了规则的约束。我们说话的时候，就是在遵循语言的规律，进行着不同的语言活动。

翻译是跨文化交际中的一种复杂的语言行为，因此，译者应从文本中挖掘其"言外之意"，将其"弦外之音"用清晰或含蓄的方式传达给读者。言语行为说突破了结构主义对构造性规则的偏重，从而将解构主义的非理性批判重新拉回到理性的轨道，从而为翻译研究提供了恰当的语言学依据。而"表达"的可理解性、"命题真实性"等则是翻译多元化的理论基础。翻译时，译者应该把注意力集中在译文的目的和读者身上，不应该只局限于译文与原文之间的相等，而是要在语用和功能上实现对等。

语用等效翻译分为语用语言等效翻译和社交语用等效翻译。因为不同语言间的社交背景不同，为使目的语读者获得与原文读者一样的阅读体验，也需对一些目的语读者不熟悉甚至不了解的内容进行翻译补偿以及翻译转化。因此，我们需要树立语用等值的翻译观，注重语言使用时的话语意义，实现语言等值，并注重不同文化和社交背景所呈现出的交际意义，实现社交等值。为了使目的语读者切实感受到原文想表达的内容，理解作者在特定话语中的真正意图，需要用语用等值原则来指导翻译，从而弥补两种语言间的差异。

1. 语言层面语用等值翻译

人类借助语言交流思想，传递文明。语言在人类的生产生活中扮演着举足轻重的角色。例如，在纪实文本翻译中，对语言的把握和处理尤为重要，既需准确理解原文，读懂原文内容及字里行间体现的思想，又要能准确有效地将其以译文的方式展现给目的语读者。由于语言运用等方面的差异，对该语言读者来说很容易理解的词义，在另一种语言中可能不存在一一对应的词语，这时就需要译者明晰词义，追求表达出与原文相似或一致的效果。

尤金·A.奈达提出"所谓翻译，就是从语义到文体（风格）在译语中用最接近、最自然的方式再现出原文的对等信息"，而作者的感情色彩可以通过行文中的语法结构等进行判断。修辞的使用在英汉双语中均常见，其既可让语言更具感染力，也可起到突出、强调事实及作者所思所感的作用。在实现语言层面语用等值方面，将重点讨论明晰单词词义、上下文的把握与统一、凸显作者情感色彩和再现修辞效果四部分内容。

（1）明晰单词词义

语言的模糊性客观存在于语言活动中，模糊性是人们认识中关于事物类属边界或性质状态方面的不明晰性、亦此亦彼性、非此非彼性，也就是中介过渡性。总的来说，一方面在语言活动中语言自身就存在模糊性，另一方面是人们的认知中存在对语言认识的有限性及不确定性，也有可能是作者刻意使用修辞等模糊语言营造氛围，所以语言模糊性是常见于语言活动中的。同时，唐玉凤认为语言的模糊性与明晰性共存于现实语言中，是一对矛盾体，既相互矛盾又相互依存。[①]所以在翻译时，应结合语境理解原文中语言模糊处所要表达的含义，并恰当处理语言模糊性与明晰性之间的关系，将其明晰译出，使其便于目的语读者理解，实现语言层面的语用等值翻译。

（2）上下文的把握与统一

语言语境，也称上下文语境，指语篇的内部环境，既包括狭义的词与词、句与句之间的搭配，也包括广义的段与段、篇章与篇章之间的关联与呼应。人们总会在特定的语言环境下进行言语交流，语境直接影响着人们对言语的理解。语用含义是根据语境研究话语的真正含义，解释话语的言下之意、弦外之音。如果对原文的上下文不清楚，对相应的语境理解不准确，就会造成翻译的语用失效。因此，在这一部分，为了实现语言层面的语用等值，在处理的时候应根据具体的语言语境对词语进行合适的释义。

曹文学在《翻译论》中将上下文进行了微观和宏观的划分，其中微观语境又称为狭义上下文，即在一个句子范围之内某一特定语言单位周围的前言后语。尤其在英语语言中一词多义的现象繁多，还有不少同词反义的现象，把握狭义上下文有助于输出更加准确的译文。

（3）凸显作者情感色彩

在翻译文本时也要根据文中的语言等据实翻译原作者的思想感情。霍跃红曾总结"翻译效度就是指翻译过程中交际意图和受体期待的实现程度"，所以在翻译时要凸显隐含在原文中的情感色彩。

（4）再现修辞效果

在行文中使用修辞手法可以使语言表达更具感染力。英汉双语间均存在修

---

① 唐玉凤.英语写作语言与技巧[M].北京：国防工业出版社，2007.

辞格的使用，尤其在文学作品中常用其来表现语言的感染力和文学性。由于英语和汉语属于两种不同的语种，所以中英文中修辞格的应用、形成以及发展均会因为不同的文化而有所不同。同时，修辞格的广泛运用也会使得语言充满文学性和文化内涵，所以在翻译中应保持译文和原文修辞表达的一致性，以使目的语读者和原文读者获得同样的阅读效果。

2. 非语言层面语用等值翻译

为了让译文和原文实现语用上的等值，在翻译时应更加重视言语的语用意义。这就要求我们不仅要对语言语境中的话语意义进行剖析，更要重视语言体系外的各种制约因素，包括"情境语境"和"文化语境"。

（1）情境语境的重构

在非语言语境中，情境语境作为一种言外语境，有着不言而喻的重要性。英国语言学家莱昂斯（John Lyons）把情境语境解释为从实际场景中抽象出来的，对言语活动产生影响的一些因素，包括参与者双方、场合、话题等。言语行为总是在一定的情境中发生的，发生言语行为的实际情况也可帮助确定语言形式所表达的意义。情境语境限制了词语的具体含义，而语用学研究的正是在特定情境语境中的话语，特别是研究在不同的语言交际环境下如何理解和运用语言。

（2）文化语境中隐含文化信息的显化

要实现社会文化层面语用等值的达成，必须从社会文化交际的角度考察语言的使用，在翻译时不能将语言内容与文化割裂开来。为了保证两种语言交流的正常进行，必须处理好语言和社会文化因素之间的碰撞。这就要求译者充当跨越两种文化的桥梁，在翻译相关语境下的篇章时，首先要从原文文化语境的角度理解原文，然后从目的语的角度着眼，将原文信息重新表述为译文读者接受和理解的篇章，从而实现语用等值。

3. 社交层面语用等值翻译

由于地理位置、风俗习惯、宗教信仰等的不同，东西方国家在很多领域都存在社交文化背景上的冲突。翻译是一种跨文化的交际活动，文化是社交的一部分，故译者应扮演好社交文化"媒介"的角色。王育祥曾提出"为了保证跨文化交际的顺利进行，要根据译入语的语言文化特点采用恰当的方式表达出源语的语用含义和言外之意"。面对中西方社交间的差异，如果译者只是按照原文的字面意思进行翻译，不解释其中的文化信息，那么目的语读者很有可能会出现无法理解原文文化的情况，导致阅读体验不佳。因此，译者在翻译的过程中必须了解、解读原文背后的社交文化因素，了解其中承载的语用意义和语用效果，实现社交层面的语用等值。

（1）补偿社交文化信息

语言是文化的载体，一些隐含文化信息的词句，如在翻译过程中出现的宗教信息、地理信息等，如果在翻译时没有对其进行解释，那么呈现出来的译文就很有可能会晦涩难懂。译者在翻译时需要对这类存在社交文化差异的地方进行灵活处理，帮助目的语读者获得与原文读者相同或类似的阅读体验。

（2）明晰社交文化信息

语言是文化的载体，忽略文化语境，语言研究的社会价值便不复存在，所以译者在精通两种语言的基础上还要深刻了解两种语言的文化背景。对于谚语、习语、成语、俚语等蕴含社交文化信息的翻译，需要在了解源语的语言风格、文本类型、文化氛围等的基础上，运用目的语读者所能理解的语言表达出来；同样，也有一些文化信息对源语读者来说理解起来很容易，但如果将其直接转化为目的语，很有可能造成社交语用的失误，无法使目的语读者明晰其社交文化含义，所以需要译者在翻译时明晰社交文化信息，从而实现社交层面的文化等值。

在翻译过程中，可针对翻译过程中遇到的问题，将其细化分类，分别讨论语言层面的语用等值和社交层面的语用等值。语言层面的语用等值，遇到的问题往往集中在明晰单词词义、上下文的把握与统一、凸显作者感情色彩和再现修辞效果上。针对这些问题，译者需要全面了解单词含义、理解上下文内容，读懂隐含在行文中的作者情感，从而实现语言层面的语用等值，使译文体现原文文本所呈现出的纪实性和文学性。针对社交层面的语用等值，一方面需要补偿社交文化信息，将目的语读者不了解的文化内容以加注或增译的形式补充进来。另一方面需要明晰社交文化信息，将英文中的俚语、俗语等文化内容以目的语读者熟悉的表达展现出来，弥合双语间的文化差异，拉近目的语读者与原文的距离，实现社交层面的语用等值。

第三节　对比语言学理论

一、对比语言学的一般理论

语言对比研究是语言研究的重要领域，但对比语言学作为一门学科是近几十年才兴起的。20世纪初，丹麦语言学家叶斯柏森（Otto Jespersen）最早提出了比较语法的概念，主张对多种语言进行共时比较，从意义和观念出发，探讨全人类共有的基本概念在各种语言里是如何表达的。20世纪上中叶，一些语言学家提出把对比语言学作为应用语言学的一种，探讨如何通过语言对比促进语言教学，但这一时期的对比研究局限于形式研究。20世纪中叶以后，语言对比研究进入深入发展时期，从单纯形式研究转向了意义与形式的结合研究，从微观转向了更为宏观的层面。

在中国，对比语言学作为独立学科始于20世纪70年代吕叔湘《通过对比研究语法》的演讲，之后在几十年的时间里取得了长足发展。微观层面的对比研究涉及语音、文字、词汇、语义、语法五个层面；宏观层面主要指句子以上层面的对比，涉及语篇、修辞、语用和认知思维对比，涉及语言、社会文化等不同内容。对比语言学在研究方法与视角上也采用了定量与定性相结合、微观与宏观相结合的办法。对比语言学的研究成果在教学、翻译、词典编制等各个领域得到了广泛应用，并且出现了跨学科的发展趋势。正如秦洪武、王克非《〈基于语料库的语言对比和翻译研究〉评介》一文中所提到的，随着语料库尤其是多语语料库的创建和应用，对比语言学和翻译研究渐呈合流之势，主要表现为对比语言学和翻译研究都使用相似或相同的多语语料库从事研究。越来越多的学者已认识到翻译语料库在语言对比研究中的重要作用，有人甚至说翻译是语言比较的上好平台，可以在此基础上得出对比研究的结论。鉴于此，双向平行语料库可以成为综合对比的理想平台，它所提供的多向对比有助于研究者深入了解两种语言的异同。目前，语料库翻译学的主要研究内容，不仅涵盖传统翻译学的研究内容，如翻译的本质、译者风格、翻译语言特征、翻译规范、翻译理论与实践、翻译教学以及口译研究等，也包括建设翻译平行语料库或翻译语料库，使研究内容能够不断深入。

二、对比分析与翻译

（一）对比分析在翻译理论研究中的意义

翻译中的等值与等效问题一直是翻译理论界争论的焦点。哈提姆认为，不同的篇章原理会对语言条目或表达法产生一定的影响，所以，很难达到严格的等值，但这并不妨碍在具体的环境中确立翻译的等值。尽管在具体的上下文中，文本的对等只是大致上的对等。

我们可以从不同层次进行比较分析，以达到翻译的等值。为了判断两种语言中哪些语言成分可以达到相同的效果，就必须从不同的语言层次上进行比较，以找出它们在哪一种语言层次上是等值的，在哪一层次上是不相等的。

（二）对比分析与翻译实践

翻译过程是从源语到目的语的语言转化过程。对比分析要研究的是卡特福德所说的有条件的一般语篇对等情况，而在具体的翻译实践中，译者要解决的问题就是在特定的语境下的特定语义转换问题。通过比较分析，可以为我们在源语中的具体应用提供不同的解决方案，以便在翻译过程中根据实际情况做出恰当的选择。

在翻译过程中，我们经常需要进行语音、词汇、语法、语篇、语用等方面的对比分析，力求语篇对等。连淑能从英汉的语法特征、表现方法、思维习惯和文化差异等方面全面论述了语言在各个层次上的不同特点。他从10个角度分析了英汉差异，包括综合语与分析语、聚集与流散、形合与意合、繁复与简短、物称与人称、被动与主动、静态与动态、抽象与具体、间接与直接以及替换与重复，其研究对于具体翻译实践有重要意义。

第四节　模糊语言学理论

一、模糊语言的定义及特征

（一）模糊语言的定义

模糊性客观存在于自然语言中，是语言的一种基本属性。美国哲学家皮尔斯（Charles Sanders Peirce）于1902年率先对"模糊"作出定义："当事物出现几种可能状态时，尽管说话者对这些状态进行了仔细的思考，实际上仍不能确定是把这些状态排除于某个命题，还是归属于这个命题。这时候，这个命题是模糊的。"[①]1923年，英国的哲学家罗素又在《论模糊性》一文中指出"整个语言或多或少是模糊的"，并对模糊语言进行定义："当用于描述的系统与

---

① 皮尔斯.皮尔斯文选[M].涂纪亮，周兆平，译.北京：社会科学文献出版社，2006.

被描述的系统之间不是一对一的对应关系时，这种描述就是模糊的。"这在学界被认为是对模糊语言最早的概述。英国语言学家厄尔曼则针对模糊语言提出它的四个产生因素：词语的遗传特性，意义是不相似的，非语言世界内缺乏清晰的边界，缺乏对于词所代表意义的熟悉度。

在我国，以最早引进模糊语言的学者伍铁平为代表，也同样对模糊语言进行了定义。伍铁平认为自然语言的模糊性是其固有属性，它使概念的外延变得不确定。[1] 赵元任认为，一个符号，如果它运用于边缘的场合比运用于清晰的场合还突出，那么它就是模糊的。[2] 学者张乔则认为模糊指表达本身的意思有多种理解的含义，而且这些含义在语义上是相关联的。[3] 黎千驹则根据前人的经验，总结出模糊语言是指在 A 与非 A 之间存在着一个不明确的交界区域，它是渐变的、不能一刀切的，我们不能确定地说某个词语是属于还是不属于这个区域。[4]

（二）模糊语言的特征

对于模糊语言的定义，虽然不同学者给出了不同的解释，但其侧重点各有不同，均有不足之处，始终没有形成一个完整统一的概念。本书探讨了模糊语言的几大特点如下，用以完善模糊语言的定义。

1. 中心的相对确定性

在言语交际中，如果简单地把模糊语言看作完全模糊的，难免会陷入虚无主义。在模糊语言中的"确定"与"模糊"是中心的确定与外延的模糊，二者相互渗透、辩证统一。如果我们抛弃中心的"确定"，只看外延的"模糊"，就会丢失客观事物的本质属性，无法正确认识事物。

---

[1] 伍铁平.模糊语言学[M].上海：上海外语教育出版社，1999.

[2] 赵元任.语言问题[M].北京：商务印书馆，1980.

[3] 张乔.模糊语义学[M].北京：中国社会科学出版社，1998.

[4] 黎千驹.模糊修辞学导论[M].北京：光明日报出版社，2006.

2. 边界的不稳定性

在现实生活中，我们不能简单地将有联系的 A 与 B 割裂开来，A 与 B 之间存在着一个模糊的交界区域，这个模糊的范围我们既可以把它划入 A，也可以把它划入 B，随时可能发生变化，具有不稳定性。模糊范围的不稳定，追其根源，是边界的不稳定。对 A 与 B 的划分，由于边界的不稳定，会使其向 A 或 B 偏移，边界在 A 与 B 之间活动的范围正是模糊范围。

3. 对原型稳定的依附性

在原型理论中，原型被认为是某一类型意义的典型或原始形象，具有某一类型的典型特征，这一类型的其他成员的典型性程度相较于原型则要低许多。这种"原型"在语言中也有体现，当我们提出某一具有抽象性、概括性的模糊概念时，其外延实际上是一个拥有不同隶属度元素的集合，其中具有普遍性、典型性、稳定性、适配性的形象就是"原型"，而隶属度较低、容易被遗忘的形象就是非典型成员。在日常生活中进行交际时，当有人提出某一个模糊概念时，我们往往可以清楚地明白对方所指的是哪一个或哪一组事物，这是基于相似的原型认知。相似的原型认知通常依附于社会环境的相似而存在，受共同的文化环境、教育背景、生活经历等影响。当集合中的典型元素被拥有共同社会背景的人群认可时，渐渐地就变得约定俗成了，成为一种常识。因此，要保证模糊语言是积极的，可以被理解的，原型的稳定就必不可少，而民族、年龄、性别等的不同都会改变集合中元素的隶属度，使原型变得不稳定。一旦原型失去了稳定性，那么语言的模糊将毫无意义，这不符合语言的经济性。积极的模糊语言必须依赖原型的稳定。

4. 受语境的限制

所谓语境，即语言环境，指说话时人所处的状况与状态。语境的使用往往可以使模糊语言的语义清晰、准确，然而这并不代表我们消除了语言的模糊性：一来语境并没有消除模糊的功能，它只是将语义限制于一个较小的、适当的范围内,以方便大脑进行快速解码。二来模糊性作为语言的自然属性是无法消除的。因此,模糊语言经常借助语境对语义的解释和过滤功能使意义变得准确清晰。

在语言发展和使用历程中,模糊现象十分普遍,模糊性也是自然语言的本质特征之一。作为语义的组成部分,模糊语义在交际中的作用至关重要。语义的模糊性是在人类认知过程中产生的,因此认知心理对模糊语义的产生和识别起着不容小觑的作用。

随着"模糊集合论"的提出,模糊语义也成为语义学中一个十分引人瞩目的研究领域。语义本身具有根深蒂固的模糊性,想忽略它或改变它都是不可能的。随着模糊语言学的发展,模糊语义逐渐引起研究者的广泛关注和普遍重视。从模糊语言学的实际出发,结合模糊理论的一般原理并对之加以限定和改造,界定出符合模糊语言学实际的研究对象。根据现代认知心理学和认知语言学的研究成果可知,语言是人类认知活动的产物,同时也是认知活动的工具。语言符号主要用来表达和传递意义,而符号意义的形成是人类对所处的世界进行范畴化、概念化的结果。在范畴化的过程中极易产生语义的模糊性。人类的认知以人类对世界的类属划分为基础,这一活动受到人的认识能力、认知需要以及客观现实的制约。李晓明以认识论为研究角度揭示了模糊性的实质:"所谓模糊性,就是人们认识中关于对象类属边界和性态的不确定性。"[1]

综上所述,模糊语义是人类的思维认知的结晶,即人类在语言中对某一对象的归属、外延、性质和形态等方面的不确定性的体现。模糊语义的本质是客观事物或现象在人们意识中的模糊反映,所谓模糊反映就是人们意识中对客观事物或现象的不可能精确或不必要精确的反映。

模糊语义是相对于精确语义而言的,是语言符号才具有的意义。模糊语义的不同表现形式可以大致分为以下八种:内涵模糊与外延模糊;抽象模糊与具体模糊;量的模糊与质的模糊;上限模糊与下限模糊。

---

[1] 李晓明.模糊性:人类认识之谜[M].北京:人民出版社,1985.

（1）内涵模糊与外延模糊

了解清楚模糊语义的各种表现形式，有利于区分模糊语义和明确语义，从而对文本语篇采取不同的处理方式。根据吴振国的理论分析，内涵模糊和外延模糊的概念一般来说是相互依存的。我们可以依据外延概括出内涵，同样地，可以根据内涵明确外延。在日常交际中，语义模糊现象非常多。在与人交往中，人们最常使用"实指"和"描述"这两种方式来指明主体。"实指"即人与人当面交流时，可以通过同样的指称方式指明主体，或者通过记忆中目标人物的典型特征来联系人名。"描述"往往指主体不在眼前，听话者通过说话者对于所指主体特征的描摹来认知该对象。通常人们对于历史人物和不认识的人的认知，就是通过这种方式。对于所指对象的描摹，无论是外貌还是其他性格等特征，都具有一定的模糊性。当某些人名具有一定内涵时，该内涵体现了其相貌或其他典型特征，听话者单纯通过人名内涵的描摹，从而确认该人，很可能会产生一些偏差和错误，故具有一定的模糊性。

（2）抽象模糊与具体模糊

在认知语言学中，语义可以分为概括意义和具体意义这两种存在形式，相应地在模糊语义中，我们可以同理地划分为两种表现形式。当语言的概括语义体现为模糊的时候，我们称它为抽象模糊；而当语言的具体语义体现为模糊的时候，我们称它为具体模糊。所以说，模糊语义在实际使用过程中，时而体现为抽象模糊，时而体现为具体模糊。

（3）量的模糊与质的模糊

模糊语义中量的模糊，指词语的语义与数量相关的模糊性。表示长度、宽度、高度、体积、面积、重量、时间、距离、速度、方位等语义的词，如"长、短""宽、窄""高、矮""大、小""轻、重""快、慢""远、近""早、晚""东南西北"等，由于没有准确数量的界定，所以常常体现出模糊的特点，其中值得一提的是,有关时间的模糊,有时会对翻译产生影响。有关时间的模糊的表现形式较为丰富,概括起来分为开始结束时间、时间先后、时间跨度三种。其中,涉及开始结束的时间最为常见,常用"早、晚"等词汇。

(4)上限模糊与下限模糊

当语义模糊表现出量的模糊或质的模糊时,又可以分出上限模糊和下限模糊。比如人们常说的年龄大小,大到什么程度,就是上限模糊;反之,就是下限模糊。虽然难以直接确定质的模糊的上下限,但是对于评价性词汇,如"优秀""好"等,我们可以人为主观地设定程度范围,从而确定其隶属函数,最终得出它的上下限。

在语境中,模糊语义体现出了相对性和互为转化的特点。一方面,模糊语言的语义会跟随语言环境的变化而变化。另一方面,模糊语言的语义也会出现由清晰到模糊或模糊到清晰的变化。语境是交际顺畅的保障,只有在一定的语境中,模糊语言才能被更准确地把握,发挥其独特的语用功能。

5.受语用容忍原则

这一最早由莱特(Wright)提出的原则以人类观察行为的特点为依托——人类的观察能力有限,往往不能详尽地感知事物的微小之处,所以我们往往会使用模糊语言表达或者将事物设定为一种理想状态,对其进行精确式的归纳概括。然而有趣的是,不论采用"模糊"还是"精确"的表达,人类在交际时均会以"模糊"的形式进行理解。话语表达的命题与说话者要传达的思想之间存在一种解释的相似性,属于语言交际中的"不严格交谈"。甚至精确的数字也经常成为模糊理解的对象,当有人告诉我们"明天早上8点开始上课",第二天如果7点55分或8点5分开始上课,我们都不会觉得自己受到了欺骗,这是因为我们在接收这一精准时间时,已经将其模糊化,可以容忍些许时间偏差。语用容忍原则对"模糊"的容忍不仅仅是对模糊语言的容忍,更有对"精确"

模糊化的容忍，这是建立在对话语进行了模糊化处理之上的，在现实情况复杂多变的大背景下，语用容忍原则对模糊语言的包容，使言语交际得以顺利进行，是社会正常运转必不可少的一部分。

根据模糊语言的特点，可以将其定义为，模糊语言实际上就是受语用容忍原则包容，类属外延边界具有不稳定性而中心具有相对确定性，依托于典型性形象并受语境限制的一种自然语言。

二、模糊语言研究概述

（一）国外研究情况

西方对语言模糊性的研究由来已久，早在古希腊时期语言模糊性问题就已经吸引了人们的眼球。古希腊的麦加拉学派曾经对"秃头"这一概念做出界定，认为人们不能确定头发的数量究竟达到多少才能被称为"秃头"，所以"秃头"这一定义本身就是模糊的。从这里我们可以看出，"秃头"这一定义之所以模糊，是因为在语言中没有确定的界限，究竟需要多少头发才能达到"秃头"的程度。

美国著名哲学家、语义哲学的奠基人皮尔斯（Charles Sanders Peirce）从语义的角度界定了模糊性。皮尔斯指出："当事物出现几种可能状态时，尽管说话者对这些状态进行了仔细的思考，实际上仍不能确定地把这些状态排除于某一个命题还是归属于这个命题，这时候，这个命题就是模糊的。上面说的实际上不能确定，我指的并不是由于解释者的无知而不能确定的，而是因为说话者的语言的特点就是模糊的。"[1] 可见，皮尔斯认为，模糊性是语言本身具有的属性，它并不是解释者的无知造成的，而是由于命题的类属范围的不确定性引起的。

英国哲学家罗素（Bertrand Arthur William Russell）在《论模糊性》一文中指出，整个语言或多或少都是模糊的。罗素认为，由于模糊认识有更多潜在的

---

[1] 皮尔斯.皮尔斯文选[M].涂纪亮，周兆平，译.北京：社会科学文献出版社，2006.

事实可以证明,所以它比精确认识更加真实。模糊与精确问题的存在是语言的重要特征,而且当语言有模糊性存在时,在表达与表达物之间一定是一对多的关系。[①]

美国语言学家布龙菲尔德(Leonard Bloomfield)在其著作《语言论》中充分关注语言中的模糊现象,并详尽地阐述了词语的模糊性。布卢姆菲尔德指出,"我们没有一个准确的方法来定义'爱'或'恨'这样的词,这涉及许多还没有准确分类的语境,而事实上这些难以定义的词占了词汇的绝大多数"。[②]通过布卢姆菲尔德的论述我们可以了解到,正是因为绝大多数词语的类属范围是无法确定的,才使得这些词语具有了模糊性。

美国哲学家布莱克(Max Black)在其著作《语言和哲学:方法的研究》中指出,词语的应用区域是有限的,所以它便具有了普遍性;而词语的模糊性表现在它虽然有一个有限的应用区域,但这个区域的界限并不明确。也就是说,布莱克认为,词的模糊性就在于其界限的不明确性,这一特点使得这些词在产生和理解上具有模糊的区间。

德国哲学家兼语言学家卡西尔(Ernst Cassirer)在《符号形式的哲学》中提出,科学概念的那些尺度不能用来衡量日常言语中的词。相比于科学概念,日常言语中的词具有不明确性和模糊性,因而它们无法承受住逻辑分析的考验。然而,我们日常言语中的这种不可避免的内在缺陷,并不妨碍它们成为迈向科学概念的里程碑,因为正是从这些词中我们获得了对世界的第一客观理性认识。[③]可见,卡西尔在认识到语言模糊性的同时,将其与科学概念相提并论,认为日常言语的词因其模糊性而经不起逻辑分析。尽管卡西尔的这一观点随着模糊数学的诞生而逐渐被摒弃,但其提出的日常言语中的词具有不明确性和模糊性这一特性

---

① 罗素.罗素文选[M].牟治中,译.国际文化出版社,1987.
② 布卢姆菲尔德.语言论[M].北京:科学出版社,1963.
③ 卡西尔.符号形式的哲学[M].北京:中国人民大学出版社,1982.

为我们日后研究语言的模糊性提供了有力论据。

由此可见，西方的学者对语言模糊性的问题有过一定的思考，但是大多数都局限于对语言模糊性概念的界定，他们认为，模糊性是指语言中的词或词语的类属范围和界限不确定的属性，并没有对模糊语言进行系统化的研究。

直至1965年，在《模糊集合、语言变量及模糊逻辑》[①]一文中，美国控制论专家扎德（Lotfi Ali Zadeh）开创地提出了著名的模糊集合论，系统地阐释了事物的模糊性。扎德模糊集合论的实质是不赞成对事物"一刀切"的做法，认为在两个数值之间有无数区间值，有无数隶属度。事实上，所谓的"无数隶属度"就是模糊区间。扎德模糊集合论的诞生为语言模糊性研究的理论化和系统化科学体系的形成奠定了基础。随后，学者们将模糊集合论运用于语言学的研究中，逐渐形成了以语言中的模糊现象为研究对象的一门新兴边缘学科，即模糊语言学。此后，西方学者们从不同角度对模糊语言进行了一系列系统化研究。

①语义学角度。美国语言学家莱考夫（George Lakoff）在文章《模糊限制词：语义标准及模糊概念的逻辑》中将模糊集合论应用于语义学的研究中，而且在这一研究中，莱考夫在模糊集合论的基础上首先使用了"模糊限制词"这一词语，并详细分析了模糊逻辑和模糊限制词的语义特征。莱考夫认为，模糊逻辑，即语言真值的变化，非常适用于研究语言的模糊性；模糊限制词的语义界限具有模糊性。此外，在随后模糊语言的发展中，莱考夫首先提出的模糊限制词也得到了更广泛和更深层次的研究。英国语言学家肯普森（R.M. Kempson）在《语义理论》一书中对"歧义"和"模糊"这两个概念进行区别，并对模糊现象进行了具体分类。肯普森认为，歧义是指同音词和多义词；模糊现象具体分为四类，即指称模糊、语义的不确定性、缺乏确指和虚词模糊。

②语用学角度。澳大利亚语言学家伯恩斯（David D. Burns）在《模糊性：

---

① 扎德.模糊集合、语言变量及模糊逻辑[M].陈国权，译.北京：科学出版社，1982.05.

自然语言和连锁推理悖论研究》一书中以语用学为切入点探究了人类语言的模糊性，并阐明了语言模糊性的产生原因以及语言模糊和心理现象模糊之间的关系。伯恩斯认为，模糊性是语言固有的属性，并且它是有一定规律可以遵循的，其产生的原因主要有个人层次上的模糊和集体层次上的模糊，即个人对某一词语意义界限的不明确性和集体对某一词语意义的意见不一致性；语言是一种社会现象，除了人的认识具有模糊性，人们的态度和信心也具有一定的模糊性，因此，在研究模糊语言时，要密切关注语言、语境、语用之间的关系。英国语言学家舍乃尔（Joanna Channell）在其专著《模糊语言》中提及"模糊"这一概念，讨论了数量模糊和模糊范畴标志两种模糊词语，并且以实际语言材料为基础，从语用学的角度对模糊语言及其在交际中所具备的功能进行了分析。舍乃尔认为，模糊语言是客观存在的，对模糊语言的解释与其所在语境和推理息息相关。说话人采用模糊语言的原因是遵循合作原则，同时，说话人如果采用模糊语言，就也有可能违背合作原则。

③认知学角度。莱考夫在20世纪70年代将模糊集合论引入语义研究当中，并且对这一理论在语言学中的应用寄予厚望，但在20世纪80年代末莱考夫开始将研究重点转移到认知语言学上，并提出将模糊集合论用于认知语言学存在局限性。莱考夫认为，模糊集合论主要涉及一些可以度量的语义特征，在人们对语言的认知过程以及语境对语言的影响等方面没有提供较多的处理方法。英国爱丁堡大学逻辑学教授威廉姆森（Timothy Williamson）在《模糊性》一书中从认知方面揭示了模糊性及其产生的原因。威廉姆森认为，模糊性是人类对客观世界还没有彻底了解的一种认知现象，人类知识的局限性和对概念界限认识的有限性是对语言模糊性存在的最好解释。

综上所述，西方许多学者都对语言的模糊性进行了一定的研究，但是自从模糊集合论诞生后，模糊语言学才逐渐发展壮大起来，西方学者开始从语义学、语用学、认知学等不同角度对模糊语言进行系统化研究。

（二）国内研究情况

与国外相比，模糊理论在国内的起步稍晚一些。1979年伍铁平先生在《外国语》第4期上发表了《模糊语言初探》一文，向我国的语言学界介绍了模糊理论，并将它运用到汉语和外语的研究之中。自此，我国学者对模糊语言的研究不断深入，研究范围不断扩大，基本包括如下三个方面：

1. 对国外模糊语言学研究成果的介绍

张红深指出中国的模糊语言研究开始于对国外有关理论与方法的引介；伍铁平从《模糊语言初探》开始陆续发表了一系列文章向国内学者进行了模糊理论的介绍，他在《模糊语言再探》中将模糊语言研究与语言对比、语言类型学结合进行研究；何自然介绍了国外模糊限制语的分类研究；朱小美、张明从模糊理论与语言研究、自然语言、形式语言、认知、语用这五个方面对20世纪后期国外有关模糊语言学的研究进行简评；刘贺介绍了模糊语言学在国外的发展状况并且进行归纳总结。

2. 模糊语言学的理论研究

学者们关于国外理论的引介，引起了国内关于模糊语言学理论与方法的反思。吴涌涛在《模糊理论的若干问题》一文中探讨了什么是模糊性、语言结构内部的模糊性质和模糊词的分类、产生模糊性的根源这三个问题；陈新仁从语法系统的内部层次结构和结构生成这两个角度探讨了语法结构的模糊性；陈维振从胡塞尔（Edmund Husserl）的现象学的角度进行了范畴和语义模糊性的反思；范武邱提出了模糊语言研究中存在的几个问题并且提供了构建中国特色模糊语言学研究的思路。

3. 模糊语言学的应用研究

近年来模糊限制语应用的范围不断扩大，且研究数量增长较快。李杰通过模糊语言学对网络语言现象进行解读；冯克江探讨了模糊语言学视角下的词典翻译；张静运用计算机对其构建的生物医学文献模糊限制语语料库进行模糊限制语的标注规则研究。

三、翻译中模糊语言的处理

英汉两种语言中均存在着大量的模糊语言。译者在翻译中处理模糊语言现象大致分两种情况：一是原作语言本身是模糊的，译文可以按照原文处理为模糊语言，留给读者回味和想象的空间。二是原文并不模糊，可是由于跨文化障碍，翻译时若不做任何处理，就有可能导致读者费解或误解，此时译者需要为读者创建积极的跨文化语境和认知语境，有效地传递原文的信息。模糊语言的处理直接关系到译文的质量和跨文化交际的成败，应该受到足够的重视。

在跨文化翻译中，译者只要善于利用渗透在语言诸层面的模糊性，就能顺利地跨越诸如词语意义的模糊、形式结构和意义结构的错位、表达式的不确定、语法范畴界限的模糊等翻译过程中的障碍，成功地实现双语转换的意义对接。

由于语言之间的系统差异，译作与原作之间不可能达到完全的对等。译者应该充分利用语言的模糊性特征，使译文达到动态的、模糊的、有机的对等，而不是静态的、精确的、机械的对等。译者要根据原作所要传达的意图，在翻译过程中对语言进行灵活的转换，以使译文可以具有独立的价值，同时又与原作具有最佳关联，或能够产生大致相同的功能，从而达到交际目的。

（一）句意模糊现象及翻译处理

模糊语言的外延不确定、内涵无定指，在文本语料中，人物对话经常会出现句意模糊的现象，这会造成译者理解的困难，甚至造成误解，句意模糊现象也会带来翻译上的错误。

刘朝晖认为，"模糊性产生的根源不仅在于客体（符号的所指对象），不仅在于主体（符号的使用者），也不仅在于符号（语言）本身，而是主体和客体在语言中相互碰撞的结果，是三方面的特点同时决定的，不能只从单方面讨论模糊性"。

一种情况是词汇多义性导致的句意模糊。例如"bank"这个词，既有"银行"之意，又可表示"河岸"。在句子"He walked along the bank"中，若缺乏上下文，就难以确定其准确含义。译者需要依据文本主题、语境等线索来判断。若前文提及金融交易，那么大概率应译为"他沿着银行走"；若在描述自然场景，则可能是"他沿着河岸走"。

文化背景差异也会引发句意模糊。如中文里"吃了吗"常为问候语，并非真正询问是否用餐。直译成英文"Have you eaten?"可能会让英语读者误解为询问吃饭与否的实际问题。此时，译者可采用意译法，译为"Hello"或"How are you?"以传达原文的交际功能而非字面意义。

再者，修辞手法运用可能造成模糊。像隐喻、夸张等手法，"Her eyes are stars"，这里并非说眼睛真是星星，而是形容眼睛明亮闪耀。译者要理解其修辞意图，在目标语言中寻找合适的修辞或解释性表达，可译为"她的眼睛像星星般明亮"。

处理句意模糊时，译者首先要深入分析原文，借助上下文、文化背景知识等确定模糊处的准确内涵。然后，灵活运用直译、意译、增译、减译等翻译技巧。对于因文化差异产生的模糊，可适当加注解释，帮助读者理解。此外，译者还需考虑目标读者的接受能力和阅读习惯，选择最能清晰传达原文意义且符合目标语表达规范的译文，以确保在消除模糊的同时，保留原文的风格与韵味，实现跨语言的有效交流。

（二）模糊限制语现象及翻译处理

模糊限制语是模糊语言学中的一个重要成员，是我们在自然语言中最普遍、最典型的模糊语言。莱考夫于1972年最早提出了模糊限制语，他指出模糊限制语就是"把事物弄得模模糊糊的词语"。从语义学的角度对模糊限制语进行定义，它是指"在某种条件下可以部分地改变话题真值程度的分词、词或词组"；

从说话者的角度将模糊限制语定义为"模糊限制语是指示说话人对话语中的命题是否缺乏信心的指示标志语"。余乐认为模糊限制语是对话语进行了注释，说话者使用模糊限制语能够起到帮助人们更好地进行沟通交流的作用。模糊限制语是那些表示不确定概念或限定条件的词语，可以使句子变得模糊。模糊限制语为直接限定命题内容，即直接评价命题的态度、认知或证据方面的状态。

我国学者于20世纪80年代开始关注并研究模糊限制语，从外语学界开始，逐步扩展到汉语研究中，从理论语言学领域逐步向自然语言处理领域发展。伍铁平研究了模糊限制语的特殊功能。他指出，模糊限制语既可以修饰模糊词，又可以修饰精确词。当模糊限制语修饰精确词的时候，原话语义就变得模糊了。张乔在伍铁平的研究基础上，认为模糊限制语可以很大程度上改变话题，使其精确语义模糊化，还可以调整模糊语义隶属度，使模糊语义在量上发生改变，增强或降低语义程度。杨慧玲认为除词汇形式外，句法形式和话语形式也可以起到模糊限制的作用。苏远连将模糊限制语定义为限制模糊词语的模糊程度或使精确词语变模糊的词语。黎千驹根据模糊限制语的特点将其定义为"模糊限制语是指对某个模糊中心词进行修饰改变其模糊程度，或者对某个明晰中心词或明晰命题进行修饰限制而使明晰词语或明晰命题变得模糊的词语"。虽然模糊限制语尚未形成明确的定义，不同学者有着不同的看法，但是毋庸置疑的是，关于模糊限制语的研究正在不断丰富。

模糊是自然语言的根本属性，大量的模糊语言存在于言语交际中。模糊限制语是模糊语言的典型表现，是语言学家不可回避的语言现象。美国控制论专家扎德在1965年提出了"模糊集"理论，主要研究语言的模糊性。1972年，美国生成语义学家莱考夫首次将模糊限制语定义为"把事物弄得更加模糊或更不模糊的词"。由于研究方法及角度的不同，不同的研究者对模糊限制语的分类也不尽相同，其中最具影响力、为学界广泛接受的当属普林斯对模糊限制语的分类。1982年，普林斯（Tayshaun Durell Prince）及其同事按是否改变命题的真值条件,将模糊限制语分为两类:变动型和缓和型。前者可以改变话语的真值条件,而后者只是体现说话者对说话内容的态度,而不会改变话题内容。

变动型模糊限制语属于语义范畴,指改变话语原义,或对原来的话语意义做某种程度的修正,包括程度变动语和范围变动语。汉语中类似的程度变动语包括"有点、有几分、一些、稍微、在某种程度上、较、一定的、略微"等;范围变动语有"大约、大概、近、接近于、介于X和Y之间、左右、最多、至少"等。

缓和型模糊限制语属于语用范畴,指说话者遵循合作原则和礼貌原则,使话语具有委婉、缓和、含蓄的表达方式,可分为直接缓和语和间接缓和语。汉语中类似的直接缓和语包括"我认为、据我所知、似乎是、想知道、很难说"等;间接缓和语有"据她估计、大概是、(某人)说"等。

(三)语法结构模糊现象及翻译处理

从某种意义上说,语法可以认为是一个模糊的系统,因为经常没有明显的界定来区分类别和结构。主语、谓语、宾语、补语和状语是英语句子的一般成分。谓语动词是所有成分中最核心的部分,约束和影响着句子的其他成分,在句子中是不可或缺的。通常来说,宾语、补语和状语这些成分跟谓语相比,界限比较明显,它们通常放置在谓语之后。同样的短语既可以充当谓语之后的宾语,也可以作为谓语之后的补语或状语。比如,名词短语或名词性成分可以充当宾语成分,名词短语、名词性分句、形容词或介词短语可以充当补语,而名词、形容词、副词短语以及介词短语或状语从句可以充当状语。由此看出,宾语、补语和状语都可以由名词短语来充当,补语和状语都可以由介词短语来充当,补语和状语都可以由形容词短语来充当,而且,人们也是根据相应的标准规则来定义宾语、补语和状语的含义。尤其是同一短语放置在一些谓语动词后面,既满足充当宾语的条件,同时也满足充当补语或状语的成分时,这时宾语、补语和状语三者之间的类别界限就趋向模糊性。

例：Video call is OK, wait a minute, I walk you there.

译文：视频可以的，你等等啊。我送你去。

这个句子是口语化表达，完全没有符合逻辑的语法结构，如果按照源语的结构进行翻译，就会像上面译文一样不符合译入语的表达习惯。这种情况下只能对原来的句子结构进行转换，经过自己的理解和对句子重新加工之后再进行翻译。通过联系上下文，我们知道这里是家人给病患打来电话，想要和家属进行视频通话，医生接起了电话，所以我们应该翻译成："你可以打视频电话，等等啊，我把电话递过去。"

语法结构模糊现象在口译过程中会给译者带来很多困难，包括源语的理解、译入语的处理。这时我们要用到目的论理解源语的意思，不能死板地理解句子的语法结构，而是要始终坚持目的论的三原则，在联系上下文之后分析出源语想要表达的意思。转换法和融合法比较适合处理语法结构模糊的问题。

在翻译表达中有很多语法结构比较模糊，字数多，但信息量并不大，如果生硬地字字对译，译文质量就大打折扣，更不易于听众理解接受，这也不符合目的论的目的性原则。融合法可以将原文信息加以融合，使之更加凝练地译出。

例：If you can not cure the leg just cure the lung and take off the ventilator, how would he feel seeing the leg? We should take the pain of his gangrenous leg into tong-term consideration and think about what we can do for him when he wakes up.

初译：如果这条腿不能处理，你拔了呼吸机，解决了他的肺，他醒过来看见他这条腿这个样子，包括这条坏疽腿的一个疼痛，可能要考虑更长远，我们让他醒过来之后我们能做什么。

改译：如果他的腿治不好，只是治好了他的肺，那拔了呼吸机，他醒了之后会是什么感受？我们对于他腿的疼痛要考虑得更长远，想一想他醒来之后我们能做些什么。

初译中句子语法杂乱无章、结构模糊，我们可以把源语稍加整合，整合之后就变成改译中的翻译，这样结构就比较清晰，翻译也比较简单，同时译入语也能够被受众接受，符合目的论连贯性原则的要求。

第三章 西方翻译理论研究

翻译理论来源于译者积极努力的实践，同时，翻译理论又对翻译实践起着巨大的指导与推动作用。自从有了翻译，人们就开始对翻译的方法、策略、类型等问题进行探索，古今中外的许多翻译家都提出了自己的观点。了解他们的翻译理论有助于译者深化认识、掌握翻译方法、提高翻译水平。本章重点就西方翻译理论进行探究。

第一节 传统翻译理论研究

在西方的传统翻译理论时期，思想界的思辨色彩十分浓厚，理论家对所研究的内容进行抽象论证，以及哲学思辨，并对其进行评估，基本形成了翻译的宏观原则。本节就对西方传统翻译理论展开分析研究。

一、西塞罗的两种基本翻译方法

西塞罗（Marcus Tullius Cicero，前106—前43）是古罗马共和国末期的政治家、哲学家、演说家、散文家、律师和拉丁语言大师，是西方翻译史上最早的翻译理论家之一。西塞罗曾翻译过许多古希腊政治、哲学、文学等方面的名著，其中包括柏拉图的《蒂迈欧篇》和荷马的《奥德赛》。因此，他的译论深深植根于翻译实践基础之上。

西塞罗对翻译理论的阐述主要见于《论演说家》和《论善与恶之定义》。在《论演说家》第 5 卷第 14 章中，西塞罗提出的所谓"解释员"式翻译与"演说家"式翻译的区分，即"直译"与"意译"两种基本译法的区分，是西方翻译理论起源的标志。在《论善与恶之定义》中，西塞罗提出翻译必须采取灵活的方式，选词造句要符合自己的语言以达到感动读者的目的。在此基础上，西塞罗强调翻译是一种文学创作。虽然这两部著作并非论述翻译的专著，但其中的精辟见解却对后世的翻译理论与实践产生了深远的影响。

西塞罗是西方翻译史上正式提出翻译的两种基本方法、译作与原作的关系、形式与内容的关系及译者的权限和职责等问题的第一人。他打破了翻译只限于实践而脱离理论的状态，是西方翻译史上的第一位理论家。

二、泰特勒的翻译三原则

泰特勒（Tytler.A.F.）是苏格兰著名的翻译家，其翻译理论主要体现在《论翻译的原则》一书中。他认为，一是译作要对原作思想忠实；二是译作要与原作风格一致；三是译作应与原作一样通顺流畅。从层次上说，第一个原则是最主要的，其次是第二原则、第三原则。

此外，泰特勒还提出了习语的翻译问题。他认为，习语属于语言中一种比较特殊的现象，也是翻译中很难解决的问题。对这一问题的处理，译者应尽量避免使用与原作语言和时代不符的习语。而由于在译语中也很难找到与源语对应的习语，因此一般不能采用直译法，最好是将习语译成简单易懂的语言。

三、哲罗姆的古典译论

哲罗姆（Sophronius Eusebius Hieronymus，约 342—420）是早期西方基督教会四大神学家之一，被认为是罗马神父中最有学问的人。从小受基督教启蒙教育的影响，12 岁到罗马留学，主修了哲学、语法和修辞。在学问上，他是比较严肃的，而且十分钟爱拉丁文学，对希腊语和希伯来语十分精通。这就为他成为出色的翻译家奠定了基础。在他的所有翻译著作中，最有名的就是用拉丁文翻译的《圣经》，即《通俗拉丁文本圣经》。

哲罗姆的翻译取得了巨大的成功，他纠正了拉丁文《圣经》翻译中出现的一些混乱的现象，使拉丁文《圣经》更标准，这一翻译著作成为以后罗马天主教认同的《圣经》文本，为后世其他语言的译本提供了依据。

在对《圣经》进行翻译中，哲罗姆提出了不少切实可行的翻译原则和翻译方法。具体包括以下几点：

（1）翻译时要灵活，切忌逐词翻译，对那些可以适当更改的世俗作品，翻译者可以增加自己的性格色调，以保持译作的优美。

（2）要区别对待文学翻译与宗教翻译。对于文学翻译，译者可以采用容易理解的方式；而对于宗教翻译，译者主要采用直译，一般不会采用意译，因为意译容易损害《圣经》原本的深层含义。

（3）翻译正确必须以理解准确为前提。他认为翻译不能靠"上帝的感召"，而需要实实在在的知识。

哲罗姆的翻译原则和方法为后世翻译理论和实践提供了重要的依据。

四、奥古斯丁（Aurelius Augustinus，354—430）的古典译论

奥古斯丁是罗马帝国末期基督教神学家、哲学家、拉丁教义的主要代表，传世著作有《上帝之城》《忏悔录》《论基督教育》。《论基督教育》虽然是一本从神学角度论述语言学的著作，但书中许多论述都直接或间接涉及语言的普遍问题和翻译问题，因此也被认为是古代语言学和翻译理论的重要文献。

奥古斯丁的翻译理论可以概括为以下几点：

（1）译者必须通晓两种语言，熟悉并"同情"所译题材，还必须具有一定的校勘能力。

（2）翻译中必须考虑"所指"、"能指"和译者"判断"的三角关系。

（3）翻译中必须注意朴素、典雅、庄严三种风格。

（4）翻译的基本单位是词。

（5）《圣经》翻译必须依靠上帝的感召。

奥古斯丁的翻译理论对后世影响巨大，他的符号理论被哲学家和语言学家当作共同财产，直到今天仍在发挥作用。

五、马丁·路德的翻译理论

马丁·路德（Martin Luther，1483—1546）是德国神学家、辩论家、社会学家和翻译家。他按照通俗明了的翻译原则完成的《圣经》德译本被誉为第一部大众的《圣经》，在西方翻译史上占有极其重要的地位，对宗教改革、德语的统一、德国的文学和语言的发展意义重大。

路德的翻译思想主要包括以下几点：

（1）翻译必须集思广益。

（2）翻译必须注重语法和意思的联系。

（3）使用人民大众所熟悉的通俗语言，才能使翻译大众化。

（4）翻译要将原文的语言现象放在首位，要采用意译的方法来帮助读者完全看懂译文。

（5）系统地提出了翻译的七条原则，具体如下：

①可以改变原文的词序。

②可以合理运用语气助词。

③可以增补必要的连词。

④可以略去没有译文对等形式的原文词语。

⑤可以用词组翻译单个的词。

⑥可以把比喻用法译成非比喻用法，把非比喻用法译成比喻用法。

⑦注意文字上的变异形式和解释的准确性。

六、施莱尔马赫的两种翻译途径

施莱尔马赫（Friedrich Daniel Ernest Schleiermacher，1768—1834）是一位颇有影响的德国基督教新教哲学家、神学家和古典语言学家。1813年6月24日，他在柏林德国皇家科学院宣读了一篇长达30多页的论文《论翻译的不同方法》，从理论上阐述了翻译的原则和方法问题。这篇论文至今仍是翻译研究领域具有标志性意义的重要文献。

在《论翻译的不同方法》中，施莱尔马赫表达了以下几个重要的思想：

（1）翻译可以分为"真正的翻译"和"纯粹的口译"。施莱尔马赫是西方第一个把笔译和口译明确区分并加以阐述的人。

① "真正的翻译"可以分为"释译"和"模仿"。前者主要指翻译科学或学术类文本，后者主要指处理文学艺术作品。二者的区别在于：释译需要克服语言的非理性但可以达到原文和译文之间的等值，模仿可以利用语言的非理性却无法做到在所有方面都与原文精确对应。

② "纯粹的口译"主要适用于商业翻译，是一种机械的活动，不值得为之付出特别的学术关注。

（2）翻译必须正确理解语言与思维的辩证关系。

（3）翻译可有两种途径，一是尽量不打扰作者而将读者移近作者，二是尽量不打扰读者而将作者移近读者。这一思想后来被美国翻译理论家韦努蒂发展为翻译的归化和异化理论,在翻译界产生了巨大的影响。

施莱尔马赫认为,想要获得完美的翻译,译者应该千方百计地将读者引向他自己。译者要尽量把自己从作品中获得的相同的意象、印象,原原本本、不偏不倚地传递给读者。

七、洪堡的翻译观

洪堡(Karl Wilhelm von Humboldt,1767—183)是德国的哲学家、教育改革家和语言学家。洪堡对德国在18世纪末至19世纪初成为西欧翻译理论研究中心作出了重要的贡献。《按语言发展的不同时期论语言的比较研究》和《论人类语言结构的差异及其对人种智力发展的影响》是他的两部代表性论著。

洪堡通过对历史哲学和语言哲学进行研究,强调人的个性发展的重要性,因此推崇教育和教学要追求自由。洪堡认为,语言和人类思维、民族精神和文化有着密不可分的关系,语言对思想文化具有决定作用。在此基础上,他提出,可译性与不可译性是一种辩证关系。虽然语言之间的差异会给翻译造成一定的障碍,但是不同语言之间的翻译是可能的,且翻译有利于丰富译语民族的语言和文化。就翻译原则而言,洪堡认为,忠实是翻译的首要原则,但是这里的忠实是对原文特点的忠实,而不是其他。

洪堡的最大贡献在于他提出了一种二元论的语言观。尽管在19世纪这种语言观并没有引起重视,但在20世纪,现代语言学家如索绪尔(Ferdinand de Saussure)、帕尔西格(Walter Porzig)、加丁姆(Alan Gardiner)等在洪堡两元论的影响下提出了二分法语言观,即语言可以从"语言系统"和"言语系统"两个方面来进行分析,奠定了现当代翻译理论的基础。

第二节　语言学视角下的翻译理论研究

20世纪，很多翻译理论家充分利用语言学理论来构建自己的翻译模式，形成了以语言为基础的翻译理论。本节就重点探讨语言学视角下的翻译理论。

一、雅柯布逊的等值翻译论

美国著名语言学家雅柯布逊（Roman Jakobson）是布拉格学派的创始人之一，他对翻译理论的贡献主要体现在其1959年发表的文章《论翻译的语言学问题》之中。这篇文章第一次将语言学、符号学引进了翻译学，并从语言学的角度详尽地分析和论述了语言和翻译的关系、翻译的重要性以及翻译中存在的问题。自发表后，此文一直被西方理论界奉为翻译研究的经典之一。在该文中，雅柯布逊从结构主义语言学的角度对以下几个方面的问题展开了探讨：

（1）从语言符号的角度来看待翻译。雅柯布逊从符号学出发，认为人们对词义的理解首先是由人们对词的意义的理解来决定的。词的意义是由人们赋予的，理解了某一词的意义，那么也就理解了语言。在他看来，意义与符号有着密切的关系。此外，雅柯布逊认为，语言符号的意义是进一步将其翻译成其他可以替代的符号，尤其是翻译成那些更深一层的符号意义。

（2）根据符号学的观点，将翻译分为以下三个类别：

①语内翻译。所谓语内翻译，是指在同一语言内用一些语言符号去解释另一些语言符号，即通常的"改变说法"。

②语际翻译。所谓语际翻译，是指在两种语言之间用一种语言的符号去解释另一种语言的符号，即严格意义上的翻译。

③符际翻译。所谓符际翻译，是指用非语言符号系统解释语言符号，或用语言符号解释非语言符号，如把旗语或手势变成言语表达。

雅柯布逊的这种分类方式准确概括了翻译的本质,在译学界影响深远。

(3)确切的翻译是由信息等值所决定的。雅柯布逊认为,翻译主要涉及两种不同语符中的对等信息。就语内翻译而言,是一个语符单位被另一种语符单位所替代,翻译某一个单词可以采用两种方式,一是使用同义词,二是使用迂回表示法。但是,同义词一般都不是完全对等的词。就语际翻译而言,符号与符号往往也不可能完全对等,这时人们通常是使用一种语言的语符来代替更大的单位,即信息。因此,在雅柯布逊看来,翻译涉及两个方面,即信息和价值,语言使用者一方面关注从话语中获取信息,另一方面还关注发出话语的原因。"翻译涉及两种符号系统要传递出对等的信息,欲使原文和目的语的信息对等,由于两种符号系统之间的差异,语符单位之间一定要动态对等。"

(4)坚持语言共性论,认为所有的语言其表达能力都是等同的。雅柯布逊认为,任何存在的语言都具有同等的表达能力。当语言中有词汇空缺时,人们可以通过多种方式实现对词汇的修饰与扩展,如介词法、语义转移法、借译法等。在翻译过程中,如果译入语中没有某一语法范畴,则可以借助词汇方式将原文中用语法手段表达的意义传递出来。

(5)翻译中最复杂的问题是语法范畴。每一种语言都有强制性的范畴,因此不同的语言,其特征也各不相同。此外,表达方式的对等程度也会受到这些强制性的范畴的影响。因此,雅柯布逊认为,哪些东西是非表达不可的主要是由语言结构来决定的。在翻译中,对语法性质、语义、时态进行处理时,不可忽视一些语言之间的差异。需要注意的是,语言范畴的复杂性对概念之间的转换并不会起到阻碍作用。

(6)从符号学角度来看待诗歌翻译。雅柯布逊认为,诗歌是不可译的,主要包括如下两点:

①诗歌中的语音与语义建立的关联不可译,译者只能进行创造性的移植,这也意味着对风貌和语音或语义关系进行改变。

②一些特殊形式的诗歌，或诗歌中的特殊修辞手法，也难以进行翻译。

（7）提出了一个实用性的语言功能模式。这一功能模式包括信息、信息发送者、信息接收者、语境、接触渠道以及代码六个组成要素。根据该模式，凡是言语行为和言语交际中的构成要素都应进行考察。

总的来说，雅柯布逊对翻译的观点给翻译研究提供了超越词汇、句子的语境模式，探讨了翻译中语言的意义、等值、可译性和不可译性等翻译理论和实践中的根本问题，对翻译理论具有重要的影响。

二、卡特福德的等值转换理论

卡特福德（John C. Catford）是伦敦学派的代表人物之一。他在《翻译的语言学理论》（1965）一书中从现代语言学视角诠释翻译问题，探讨了翻译的定义和基本类型、翻译等值、形式对应、意义和完全翻译、转移、翻译等值的条件、语法翻译和词汇翻译、翻译转换或翻译转位、翻译中的语言变体以及可译限度等内容。这本著作被视为翻译理论发展的里程碑，他也因此书而被世界各地翻译界的读者认识。

卡特福德的翻译理论主要是从语言学的角度，尤其是应用语言学的角度进行探讨的。他的翻译理论观点主要包括如下两个方面：

（一）翻译的等值理论

上面已经论述了雅柯布逊的等值理论，卡特福德在其基础上进行了更为深入的研究。他认为，从等值角度来说，翻译就是将一种语言的原材料转换成等值的另一种语言的译文材料的过程，它以界定等值的条件和本质作为中心的任务，而寻求等值成分作为翻译实践的中心问题。

和雅柯布逊的观点有着某些相似的地方，卡特福德也认为这种等值关系建立在动态之上。同时，他在对翻译等值进行研究时，还区分了"文本等值"和"形式对应"两个概念：

（1）"文本等值"是在特定语境中，某部分或者全部的译语文本成为源语部分或者全部文本的等值成分。

（2）"形式对应"指包含单位、结构成分、类别等在内的这些译语的范畴应该占据着和原文范畴一样的地位，而范畴包含人称、性、数、格、情态、语态等。可见，原文与译文在形式对应上基本是相似的，也是比较容易达到的。

值得注意的是，翻译等值有以下两个限度：

（1）不同媒介之间的翻译是不可能的，既不能将某文本的书面形式翻译成该文本的口头形式，也不能将文本的口头形式翻译成该文本的书面形式。

（2）音位学与字形学、语法与词汇层次之间进行翻译是不可能的，即语音与语法、字形与词汇之间不能互换。

卡特福德的等值理论在一定程度上反映了翻译的本质是等值关系的确立，这对双语转换来说起到了很好的指导作用。译者要想实现跨语言转换，首先可以寻求功能对等，其次寻找上下文语境的对等，最终实现翻译对等。

（二）翻译转换理论

"转换"这一术语是卡特福德独创的，是指翻译时形式对等的偏离现象。一般情况下，转换分为层次转换和范畴转换两种。

（1）层次转换。层次转换是语法和词汇层次上的转换，这可以在其中的一个上面找到对等关系。例如，法语与英语之间的单复数转换，这种转换是自动的，译者别无选择。

（2）范畴转换。范畴转换是偏离两种语言形式的对等。它包含以下四种形式：

①类别转换，指不同的语法类别上的转换。

②结构转换，即不同的语法结构上的转换。

③单位转换，指不同等级上的转换。

④内部系统转换，虽然源语和译语在系统上是大致相同的，但是也存在个别的项目需要转换，如性别、单复数等。

综上所述，通过借用大量学术语言，卡特福德的等值分析更为透彻。这样做有两个目的：一方面不仅可以仔细划分词语、句子等语言单位，从而探索在哪一层面上可以实现对等；另一方面也打破了以往的直译、意译翻译方法，为翻译转换提供了充足的依据。

卡特福德摆脱了传统的印象式翻译研究方法，详尽分析了翻译等值的本质和条件，对语言转换的规律进行了科学的阐述，是 20 世纪少有的、有原创性的翻译理论家。

三、彼得·纽马克的翻译理论

彼得·纽马克（Peter Newmark）是英国著名的翻译理论家和翻译教育家。在奈达、卡特福德等人的翻译思想的启迪下，他将跨文化交际理论和现代语言学的研究成果（如格语法、功能语法、符号学和交际理论等）运用到翻译研究中，形成了自己在许多翻译理论问题上的独到的见解和认识。

纽马克在《翻译问题探索》中提出了两个重要概念：语义翻译与交际翻译。所谓"语义翻译"是指译者只在目的语句法和语义的限制内，试图再现原作者的准确语境意义。所谓"交际翻译"是指尽可能地在目的语中再现原文读者感受到的同样效果。

语义翻译和交际翻译的区别在于：后者产生的效果力求接近原文文本；前者则在目标语结构许可的情况下尽可能准确再现原文意义和语境。但是，语义翻译和交际翻译并非水火不容。在同一篇作品中，有的部分须采取语义翻译，有的部分须采用交际翻译，二者相辅相成，互为补充。总之，语义翻译法和交际翻译法是纽马克翻译理论的核心所在，也是其翻译理论中最主要、最有特色的组成部分。

1991年,针对原有理论中的不足,纽马克又提出了一个新的翻译概念,并于1994年将其正式定义为"关联翻译法":原作或译出语文本的语言越重要,就越要紧贴原文翻译。这标志着他的翻译理论渐趋系统和完善。

此外,纽马克将文本功能分为六种,即表情功能、信息功能、呼唤功能、审美功能、寒暄功能、元语言功能,进一步完善了文本的功能分析。

四、奈达的功能对等理论

奈达(Eugene A. Nida)是著名的语言学家和翻译理论家,是公认的现代翻译理论的奠基人,也是语言学派最重要的代表人物之一。从1945年开始,奈达共发表250多篇文章,著述40多部,其著述数量之多,质量水平之高,论述之详尽,系统之完备,在西方翻译理论史上都是空前的。他的代表性专著有《翻译科学探索》(1964),《翻译理论与实践》(1969,合著),《语言结构与翻译》(1975),《从一种语言到另一种语言:<圣经>翻译中的功能对等》(1986,合著),以及《语言与文化:翻译中的语境》(2001)等。

奈达对翻译理论的贡献集中体现在以下几个方面:

(1)奈达首次提出"翻译的科学"这一概念,是"翻译科学说"的倡导者。正因为如此,翻译语言学派也被称为"翻译科学派"。

奈达对翻译进行"科学"研究的标志是1947年发表的《论〈圣经〉翻译的原则和程序》。

(2)奈达从社会符号学出发,论述了语言符号的相互依存性及对比意义,把符号的意义分解为"当下"、"分析"和"综合"三个层次,具有极强的操作性。

(3)奈达在语言学研究的基础上,把信息论应用于翻译研究,认为翻译即交际,某种译文如果不能起到交际的作用,就是无用的译文。因此,译文接受者和译文信息之间的关系,应该与原文接受者和原文信息之间的关系基本相同。在此基础上,奈达创立了翻译研究的交际学派。

（4）奈达提出了著名的"功能对等"（又称"动态对等"）理论。所谓"功能对等"，就是说翻译时不求文字表面的死板对应，而要在两种语言间达成功能上的对等。"对等"包括词汇对等、句法对等、篇章对等与文体对等。其中，意义是最重要的，形式其次。

功能对等是奈达翻译理论的核心思想，在西方翻译理论发展史上占据了重要的地位。

第三节　文化学视角下的翻译理论研究

20世纪80年代末至90年代初，西方翻译研究出现了文化转向。翻译的文化研究试图从多个层面对翻译的概念、定义以及过程进行全新的阐释，强调翻译对目的语文学和文化具有重要的影响，探究目的语文化语境中对翻译过程具有制约作用的文化社会因素等，是西方翻译理论研究的一个重要部分。本节就对文化学视角下的翻译理论展开探讨。

一、苏珊·巴斯奈特的文化翻译观

苏珊·巴斯奈特（Susan Bassnett）是文学派翻译理论的重要代表人物之一。她认为，"翻译就是文化内与文化间的交流"，"翻译等值就是源语与译语在文化功能上的等值"。[①]

巴斯奈特的文化翻译观主要包括如下几点：

（1）翻译不能仅仅停留在语篇层面，而应以文化为翻译单位。翻译的过程实质上是文化交流的过程。某一文化中的翻译文本是这一文化的体现。巴斯奈特认为，翻译包括文化内翻译与文化间翻译两种。因此，在巴斯奈特看来，或许可以对比较文学进行重新定义，将其视为翻译研究的一个分支。

[①] 巴斯奈特.比较文学批评导论[M].查明建，译.北京：北京大学出版社，2015.

（2）翻译除了要对源语文本进行描述，还应注重源语文本在译语文化中功能的对等。巴斯奈特与勒菲弗尔在《翻译、历史与文化》一书的引言中指出，译文文本在译文文化中所发挥或承担其功能的方式与源语文本在源语文化中所发挥或承担过其功能的方式保持一致，就实现了翻译的功能对等。由此可见，在巴斯奈特看来，翻译应以文化为单位，并以文化为目标。实际上，翻译是一个动态的过程，源语文本的功能取决于其特定的语境。这就要求译者在翻译时应使源语文本在源语文化中的功能在译文文本中得到相同的体现，达到对等的效果。

（3）翻译的原则和规范由于历史期间的不同而不同，以满足不同的需要，因此翻译的目标在于使特定文化和特定文化中不同群体的需要得到满足。

二、安德烈·勒菲弗尔的文化翻译观

安德烈·勒菲弗尔（Andre Lefevere）是文化学派翻译理论的另一位主要代表人物。

勒菲弗尔指出，文学是由一系列相互关联、具有某些特征的成分所构成的。这些特征使得这些成分与不属于文学系统的其他成分区分开来。同时，勒菲弗尔认为，制约文学系统的因素包括两个，即文学系统内部因素和外部因素。

（1）内部因素，主要指诸如评判家、评论家、翻译家等的文学专业人士。如果一些作品与当时占主导地位的观念的差异很大时，这些专业人士可能会对其加以干预或遏制。当时占主导地位的观念包括两类，一类是当时的观念认为文学应该是怎样的，这属于"诗学"层面的问题；一类是当时的观念认为社会应该是怎样的，这属于意识形态层面的问题。

（2）外部因素，主要指那些对文学作品的产生和传播具有促进或妨碍的力量，即赞助人的力量。

在上述观点的基础上，勒菲弗尔阐述了翻译与包括意识形态、赞助人的力量、诗学、论域、语言发展、教育、翻译技巧、中心文本、中心文化等在内的诸多因素之间的联系，同时还论述了这些因素是如何制约翻译过程的。这是其文化翻译思想的核心所在。

勒菲弗尔注重在文化背景中对翻译进行研究，认为历史意识和文化特点十分重要。在她看来，翻译是一种重写，重写必然是特定思想意识和"诗学"的体现，这样译者或当权者的意识形态和"诗学"就会对翻译产生重要的影响，原文的面貌就不能得到真实的再现。因此，勒菲弗尔认为"翻译是重写文本的一种形式，是创造另一文本形象的一种形式，是一个文学的捍卫者用以改编异于当地文化规范的作品的重要手段"。这一手段有利于文学系统的发展。重写具有极大的力量，它可以使原文的生命得到延续。重写实际上就是操控，由此有了"操控学派"。翻译对文学、文化都可以进行"操控"，这具有积极与消极两方面的作用，一方面可以通过引进新概念、新问题、新表达手段等从一定程度上推动社会与文化向前发展；另一方面也可能压制个性。可以说，译者操控文本，对现存的思想意识和"诗学"既可以起到巩固作用，也可能造成破坏。因此，勒菲弗尔认为，翻译与权威和合法性息息相关，最终与权力相关，重写可以有效地服务于权力。

三、劳伦斯·韦努蒂的文化翻译观

劳伦斯·韦努蒂（Lawrence Venuti）是 20 世纪八九十年代以来美国翻译理论界最活跃、最有影响力的人物之一。韦努蒂也是文化学派的重要代表人物，他既擅长对翻译理论的研究，又注重文学翻译实践。

韦努蒂认为，翻译的目的是尽可能在译文文本中将文化差异表现出来，而不是为了消除异族特征。在他看来，译者在引文中应当是有形的、可见的，而不是隐身,那些认为翻译中译者应当隐身的观点是不正确的。因此,韦努蒂认为,翻译时,应采取异化策略,译文应当保留原文的风貌,保持异国情调,使译文读者获得与原文读者相同的感受;而不是采取归化策略,翻译时进行的改造完全依据译语文化的意识形态和创作规范,使译文读起来像是目标语原创,而不像异族作品。

韦努蒂指出,异化翻译对民族中心主义对源文本的篡改具有很好的抑制作用,尤其是在当今处于强势地位的英美语言环境中,异化翻译可以成为抵御民族中心主义和种族主义的一种有效途径。而他认为,归化翻译是以我族文化为中心,将异族的文化归化为我族的文化,其实这是"文化侵略"的一种表现。[①]

根据上述分析可知,韦努蒂认为,归化和异化并不仅仅是简单的翻译方面的问题,而将其置于社会政治、文化以及历史的范围中加以考察。

第四节 社会学视角下的翻译理论研究

自20世纪90年代末期以来,西方翻译学界开始从社会学角度对翻译的相关问题进行研究,分析对翻译的生产、传播和接受、翻译策略运用等造成影响的各种社会制约因素,试图构建"翻译社会学"的子学科。从社会学视角对翻译进行研究为翻译学提供了一个新的研究思路。本节就对社会学视角下的翻译理论进行探讨。

一、皮埃尔·布迪厄的社会实践理论及相关翻译研究

皮埃尔·布迪厄(Pierre Bourdieu)是当代法国著名的思想家、文化理论批评家、社会学家。布迪厄打破了学科界限,构建了新的学术框架,提出了社会实践理论。社会实践理论以结构与人的关系为出发点,致力于从结构与人的

---

① 韦努蒂.译者的隐形:翻译史论[M].张景华,译.北京:外语教学与研究出版社,2009.

行动之间寻求合适的中介,并尝试从三个概念范畴,即场域、资本、生存心态来对社会生活中的实践进行分析研究。

(1)场域。布迪厄指出,场域是由外语和外参数构成的一定社会空间联系,是多种力量调整定型的某种被赋予特定引力的关系构型。某一信息的意义和社会效力只有在一个既定的场域中被决定,而这个既定场域又要处于一个与其他场域相关联的等级关系网络中。[①]

社会生活将现代资本主义本身分成了若干种生活秩序,如经济、政治、知识、审美等。每一个场域均在历史的不断推进的过程中形成了独特的价值观,且遵循着特定的调控原则。不同的调控原则造就了一个社会建构的空间。在这一大的空间中,行动者开始根据其自身在空间中的位置而展开争夺,以不断改善或维持自己在空间中的范围以及形式。

布迪厄还指出,社会并非一个浑然整合的总体,它是由遵循各自运作逻辑的不同游戏领域组合成的:一个分化了的社会并非由各种系统功能、一套共享的文化、纵横交错的冲突或一个君临四方的权威整合在一起的浑然一体的总体,而是各个相对自主"游戏"领域的聚合,这种聚合不可能被压制在一种普遍的社会总体逻辑下。社会世界是由无数个相对自主的社会小世界组合而成的,这里的"社会小世界"即布迪厄所说的客观关系的空间,即场域。在高度分化的社会中,这些小世界自身特有的逻辑和必然性不可化约成支配其他场域运作的逻辑和必然性,即不同的场域具有不同的游戏规则。

(2)资本。布迪厄认为,资本的概念与场域的概念是相互联系的,即一种特定的资本的价值取决于一种游戏的存在。布迪厄还提出,资本不但是行动者争斗的工具,而且是争斗的对象。

关于资本的表现形式,布迪厄认为,其主要包括四种:经济资本、文化资本、社会资本和象征资本。经济资本是其他三种资本产生的根源,只有当其他资本

---

① 布迪厄.实践感[M].蒋梓骅,译.南京:译林出版社,2003.

掩盖了经济资本之和，才能发挥其特有效应。文化资本是一种通过继承与投入获得的文化教育上的知识能力的资本。在当今社会中，文化似乎成了一种权力资源，资本投资者都期望在文化市场中得到最大的利润。社会资本是指行动者凭借一个较为稳定的，在一定程度上，制度化的相互交往且彼此熟悉的关系网，而积累起来的资源的总和。象征资本是一种被否定了的资本，如今它成了一种不再被看作资本的资本。象征资本主要源自对其他资本形式的成功使用，以使其掩盖自私自利的目的，从而形成符号效应。

（3）生存心态。生存心态是一种社会化了的主观性，是一种同时具有"建构的结构"和"结构的建构"双重性质和功能的"持续的和可转换的秉性系统"。

场域、资本、生存心态有着紧密的联系，行动者对场域的支配原则的内化是通过社会过程而进行的，进而形成生存心态，且生存心态与场域是相互契合的，这样行动者可以无意识地接受场域的支配性价值，同时通过参加游戏来实现对资本的占有。

很多学者借鉴布迪厄的社会实践理论，开始试图对翻译的相关问题进行社会性反思。下面选取一些观点加以介绍。

丹尼尔·斯密奥尼（Daniel Smithioni）根据布迪厄提出的"生存心态"这一概念，对译者特殊的"生存心态"在翻译中的作用进行了研究。他认为，长期以来，译者似乎存在一定的依赖性，尤其是对文化与社会经济条件的依赖性较大，这一特征可以成为翻译活动评价尺度的一个重要部分。[①] 此外，斯密奥尼认为，诸多因素的综合作用是翻译研究社会学取向兴起的主要原因，但是这一取向并没有将社会学家和历史学家之间的关系梳理清楚。此外，他还试图对社会翻译研究的跨学科空间进行定位。

迈考拉·沃夫（Michaela Wolf）受布迪厄社会学理论的启发，对翻译的相关问题提出了自己的看法。沃夫认为，翻译是一种受社会调节的活动，翻译社

---

① 刘君君.现代英语翻译理论解读与实践探索[M].北京：中国书籍出版社，2018.

会学方法以此为立足点来分析影响译品创造的社会代理人。对影响翻译的社会因素进行分析,既有利于将翻译看作一种社会实践活动,还有利于将译者看作特定社会构建的主体和客体。

二、尼古拉斯·卢曼的社会系统理论及相关翻译研究

尼古拉斯·卢曼（Niklas Luhmann）提出了社会系统理论。在他看来,"社会系统是一种在封闭循环的过程中不断由沟通制造出的沟通的自我制造系统"。[①]由此可知,社会系统具有两个方面的特点:封闭性与开放性。封闭性是就操作而言的,而开放性则是对环境而言的。在卢曼的社会系统理论中有三个核心的概念:复杂性、自我再制以及沟通。

（1）复杂性。一切可能性综合起来即构成了复杂性。在系统演化的动态过程中,复杂性以多种形态呈现出来,如系统与其环境组成元素的多样性、系统与环境关系的复杂性等。

（2）自我再制。卢曼对自我再制系统分为两大类:一类是一般理论层面的自我指涉系统,另一类是较为具体的生命系统、心理系统和社会系统等自我再制系统。自我再制系统即所谓的操作性封闭系统,对系统封闭性进行的操作可以采取自我指涉的方式。

（3）沟通。沟通指的是一种社会自我选择活动,且这种活动具有复杂性。只有通过社会系统内的沟通,才能顺利实现自我选择的主要程序。

赫曼斯（Theo Hermans）以卢曼的社会系统理论为依据,对翻译进行重新阐释。他提倡将翻译看作一种社会系统,目的是增加翻译研究的自我反思性。赫曼斯认为,翻译这一社会现象是智力和文化实践的结合,是一个独立存在的社会系统,有自己独特的功能和结构,且具有极强的自我适应性、自我调整能力、

---

① 卢思社.翻译学教程[M].北京:北京师范大学出版社,2011.

自我反省能力以及自我再生能力。在此基础上，赫曼斯提出了翻译自律的问题。他认为，翻译的自律和他律主要是为了解决两个方面的问题："什么是翻译"和"什么不是翻译"，同时将翻译的内部组织和翻译在社会领域和知识领域的发展问题作为其研究的主要内容。具体的翻译以及与翻译相关的言说是翻译系统的主要组成部分。翻译系统的结构主要是对翻译的预期所构成，且这些结构会继续产生新的翻译。这种与翻译有关的交际的存在对翻译系统的自我再生产具有决定性的作用。

三、布鲁诺·拉图尔的行动者网络理论及相关翻译研究

布鲁诺·拉图尔（Bruno Latour）主要致力于研究科学知识社会学。他与米歇尔·卡龙（Michel Callon）共同提出了行动者网络理论。该理论有三个重要的概念，即行动者、转译者以及网络。

（1）行动者。拉图尔认为，行动者指那些通过制造差别而使状态发生改变的东西。在他看来，行动者涉及的范围十分广泛，既可以指行为人，也可以指一些非人的物体，如生物、技术、观念等。

（2）转译者。在行动者网络理论中，转译指的是行动者尽最大可能用自己的语言对其他行动者的兴趣和问题进行转换。行动者一直都处于转换和被转换之中。转译者对他们原本要表达的意义或元素会起到改变、转译、扭曲和修改的作用。

（3）网络。拉图尔认为，与纯技术意义上的网络不同，这里的网络注重工作、互动、流动、变化的过程。通过网络手段可以对连接进行描述。

加拿大学者比泽兰（Hélène Buzelin）认为，拉尔图的行动者网络理论是对布迪厄理论分析框架的进一步发展，使翻译研究开始逐步转向以行动者为导向

和以过程为导向。[①] 比泽兰还指出，多元系统理论模式的不足之处可以由布迪厄的理论与拉图尔的转译社会学的结合弥补。此外，他依据行动者网络理论与民族学方法，对加拿大蒙特利尔市的三家独立出版社一些翻译项目的实际运作步骤展开了实地调查，把翻译产品在出版社的生产流程作为重点研究内容，且认为异质型行动者网络通过转译机制进行建构的产物即为翻译产品。这一研究方法为后来对翻译与社会关系的研究提供了一个很好的理论平台，为翻译研究者提供了一个新的研究视角。

---

① 刘君君.现代英语翻译理论解读与实践探索[M].北京：中国书籍出版社，2018.

第四章 中国翻译理论研究

翻译作为一种重要的实践活动，广泛地存在于人类的历史长河中，对于社会的进步、文化的发展发挥着积极的影响作用。自 20 世纪 80 年代以来，翻译研究在我国取得了前所未有的发展，其理论研究的发展对于改革开放、世界贸易也有着直接的现实意义。本章主要对中国翻译理论进行总结与分析，从而使读者对中国翻译理论发展的脉络有一个清晰的了解。

第一节 近代科技与文学翻译理论

近代科技与文学翻译理论阶段主要指的是鸦片战争至五四运动期间所形成的翻译见解，侧重西学是这一翻译时期的鲜明特征。相关学者认为，该时期是我国翻译理论自成体系的开创时期。

一、两次鸦片战争时期的经世致用理论

鸦片战争时期是中国遭受西方列强入侵的屈辱时代，由此引起了中国有志之士思想上的改变，即要奋发救国。下面来看这一时期的时代背景与翻译理论的代表人物。

（一）时代背景

18 世纪至 19 世纪的西方资本主义国家在经历了资产阶级革命之后迅速崛起，但中国当时处于清王朝的封建统治下，不思进取。在受到西方列强的入侵后，

国内有志之士提出了经世致用的思想理论。经世致用思想理论首先发端于儒学，要求人们在遵循儒学信条的前提下，致力于解决当时社会中的重大问题。

这一思潮的到来标志着我国传统文化在面临挑战时的自我更新，此后大量中国人开始打开思路，解放思想，迈出国门向西方人学习，而在学习的过程中必然离不开翻译这一重要的媒介。

（二）代表人物

该时期的代表人物是林则徐。他对中国翻译事业的发展起到了不容忽视的影响作用，在他的带领下，翻译的西方著作有《四洲志》《滑达尔各国律例》《华事夷言》等。

二、洋务运动时期的科学实用理论

为了救国家于水火中，很多著名人士翻译了大量西方的实用科学书籍，从而帮助国家应对外国列强的入侵。下面来看这一时期的时代背景和代表人物。

（一）时代背景

在经历两次鸦片战争后，国人越发认识到中国的落后，为了奋发图强，中国一些具备时代眼光的官绅开始兴办近代企业，如曾国藩、左宗棠、李鸿章等。在这一时期，"洋务运动"不仅开创了国内工业企业化的先河，而且大力传播了西方先进的科学、技术，有效促进了国内教育、科技、文化思想的发展，更为重要的是促进了翻译出版活动的兴盛。

（二）代表人物

在洋务运动时期，翻译领域的代表人物是徐寿。徐寿是我国著名的化学家、科技翻译学家，其翻译的代表作品有《化学求数》《化学考质》《化学鉴原》等，徐寿是化学元素中文名称的首创者。在对科技著作翻译的过程中，徐寿提出了"译名七原则"，内容如下所述：

（1）最好直译而不是意译。

（2）如果不能意译，最好能够音译，且要使用官话音译。

（3）新的术语要与汉语原有的话语形式建构一致。

（4）译名简练，避免啰嗦。

（5）译名要给予准确的定义。

（6）译名在任何情况下都要与原义一致，不可相互矛盾。

（7）译名要具有灵活性。

总之，在这一时期的翻译学家们对翻译理论的最大贡献是统一了科学术语的汉语形式。

三、晚晴维新运动时期的"译书维新"理论

维新运动时期，大量具有世界眼光的人士加快了引进西学的步伐，力图帮助中国变得强大。下面来看这一时期的时代背景与代表人物。

（一）时代背景

甲午中日战争以清政府的失败告终，最后签订了丧权辱国的《马关条约》，这再次激发了爱国人士的救国救民之情。以康有为、梁启超为代表的维新派登上政治舞台，他们提出"唯有变法才能图强"的思想，呼吁加快变法的步伐，将理论付诸行动和实践。在这一过程中，梁启超提倡广译书、辑新书的观点，大力倡导翻译实践活动。

（二）代表人物

这一时期的代表人物有严复、梁启超。

1. 严复

严复曾担任过京师大学堂译局总办等职，是清末著名的资产阶级启蒙思想家、翻译家和教育家，被尊称为"中国近代翻译理论和实践的第一人"。其主要

译著有：西方资产阶级学术名著《天演论》、约翰·穆勒的《群己权界论》和《穆勒名学》、亚当·斯密的《原富》、斯宾塞的《群学肄言》、孟德斯鸠的《法意》、甄克思的《社会通诠》和耶方斯的《名学浅说》等西方名著，其译著共达160多万字。

严复对中国翻译理论的发展作出了巨大贡献。他吸收和运用我国古代佛经翻译思想和理论精髓，并结合自己丰富的实践经验，在《天演论》卷首的"译例言"中提出了著名的翻译原则——信、达、雅。具体来说"信"要求译文要忠实于原文；"达"要求译文符合目的语的语法规则以及表达习惯，无语病、字句通顺；"雅"则要求译文的词句要精美。这一标准把我国历史上零散的翻译观点从理论上加以扼要、中肯、鲜明、概括的综合，为后世从事翻译的人提出了明确可信、具体切实的翻译标准。

总之，严复的"信、达、雅"翻译理论不仅言简意赅，且意义重大、影响深远，是中国传统翻译理论的纲领和精髓。

2. 梁启超

梁启超是我国近代史上著名的政治家、思想家和文学家。虽然他翻译的东西不多，但在翻译评论和翻译史研究方面，却作出了重大贡献，具体可以概括为以下几点：

（1）梁启超对翻译的对象进行了概括。在他看来，翻译是强国之道，是推行维新变法的有力工具，因此翻译应当以译"西国章程之书"为第一要义。此外，"学校之教科书""政法之书""西国史书"等的翻译也很重要。

（2）梁启超大力提倡西洋小说的翻译。1897年，年仅25岁的梁启超在《变法通议·论幼学》《蒙学报演义报合叙》等文中提出把小说作为学校教育的必修课。他的小说翻译理论把文学思潮、政治运动和社会进步结合起来，有力地推动了晚清小说翻译事业的繁荣。

（3）1897年，梁启超在其长篇巨著《变法通议》的第七章"论译书"中指出了译书的两个弊端，"一曰徇华文而失西义，二曰徇西文而梗华读"，即一是由于遵循汉语的表达习惯而失去了原文的文化内涵，二是由于遵循英语的表达习惯而造成汉语译文的晦涩难懂。因此，好的翻译应当使读者彻底明白原文的意思。另外，译者的学识专业必须和原作者接近，这样才能翻译出质量上乘的作品。

（4）梁启超对佛经翻译及明清之际的科技翻译均进行过卓有成效的研究，他编写的《佛教之初输入》《中国佛教研究史》《翻译文学与佛典》等书籍对于研究和总结我国的佛经翻译理论都起到了承前启后的重要作用，极大地促进了我国翻译理论史的研究。

四、辛亥革命时期的西学输入理论

在辛亥革命的影响下，中国新一代翻译人才逐步成长，已经成为传播西学思想的主力军。下面来看时代背景与代表人物。

（一）时代背景

在这一时期，一批受到过西方资产阶级革命影响的新型知识分子成为翻译西方学术思想的主导力量，此时的中国人已经掌握了"西学东渐"的主动权。这些新型知识分子受过完整的近代科学、文化方面的教育，具有新的知识结构、较高的外语水平，在科学翻译工作过程中可以独当一面。可见，与之前的翻译学家相比，这些新型知识分子不论在思想水平、语言表达、文化素质等方面都要超过他们的前辈。

（二）代表人物

该时期的代表人物为林纾。作为中国近代翻译史上的翻译大师，林纾是中国文学翻译事业的先行者和奠基人，被公认为中国近代文学翻译的开山鼻祖。

林纾和朋友共同翻译了十几个国家的几十位作家的作品，被誉为"译界之王"，尽管其译文中曾出现过一些错误，但这并不影响他对中国翻译事业作出的贡献。林纾的翻译思想主要体现在以下几个方面：

1. 翻译不易

林纾认为，翻译书籍需抱有严谨、审慎的态度，要想翻译出好的作品，首先译者必须了解原文所引用的历史典故、风俗文化、古籍旧说等知识，同时还需了解源语和目的语之间的异同，在传递源语文化的同时使译文符合目的语的表达习惯，这样才能达到理想的翻译效果。

2. 译文要忠实于原著

林纾在《黑奴吁天录》的"例言"中指出："是书为美人著。美人信教至笃，语多以教为宗。顾译者非教中人，特不能不为传述，识者谅之。"[①] 意思是：本书原作者是美国作家，美国人大多深信基督教，因此书中语言很多都体现了基督教教义，但由于译者并不信仰基督教，因此照搬原文内容而不予翻译，望读者原谅。林纾认为，译者在翻译外国作品时难免会对书中的内容产生异议，但翻译时仍需忠实于原文，将原文的特征、思想表现出来。

3. 译名统一

林纾（1914）在《中华大字典》的序言中阐述其对译名统一问题的看法：汉语中一个字只有一个含义，只有将一个一个的汉字联合起来才能成文。因此，在翻译英文时，往往需要耗费大量汉字，再加上由于没有一定的名词，常会和英文原作相左。对此，林纾提出"由政府设局，制新名词，择其醇雅可与外国名词通者，加以界说，以惠学者"。尽管这个提议并未被当局采纳，但却是他对中国翻译的另一个重要贡献。

---

① 斯土活.黑奴吁天录[M].林纾，魏易，译.北京：商务印书馆，1988.

五、新文化运动至新中国成立时期的民主科学理论

新文化运动时期，我国的翻译理论进入了崭新的发展时期，即现代翻译研究阶段。此时的翻译活动已经非常频繁，所以人们对翻译的讨论也更为普遍。这一时期，新文化运动开创了白话文翻译的阶段，而马克思、列宁的共产主义思想以及无产阶级理念也开始被翻译到中国。同时，这一时期的翻译内容和形式都有了很大的变化。

（一）时代背景

新文化运动时期的翻译事业出现了百花齐放、百家争鸣的新局面。轰轰烈烈的文学革命，特别是蓬勃发展的白话文运动，推动了翻译界的革命，也促使了传统翻译思想的改变。

（1）关于直译与意译方法的讨论。这是白话文运动争论的第一个问题。并且主要集中在三种观点上：直译宜用白话文，意译用文言；直译、意译皆用白话；直译、意译无关白话、文言。但是最终由于翻译界大量翻译的都是外国文学作品，所以采用直译的情况比较多。

（2）关于信与顺两个标准的讨论。在争论这一问题时，翻译家们主要关注四个问题：信与顺的问题、直译与意译的问题、异化和归化的问题、重译问题。通过论战，在很多层面上达成了共识，使信、达、雅为核心的传统翻译理论经受住了考验，从而继承和发展了中国传统的翻译思想。

（二）代表人物

这一时期的翻译代表人物众多，下面进行详述。

1. 郭大力

在俄国十月革命之后，一大批青年远赴苏联留学，也有不少成为传播马克思学说的著名翻译家。马克思和恩格斯合著的《共产党宣言》在20世纪传入中

国，并对1921年的中国共产党成立产生了重大的影响。这一时期，翻译家郭大力对我国翻译事业的发展做出了较大贡献。郭大力的翻译思想和翻译态度都非常严肃。他在《资本论》"译者跋"中写道"我们根据的版本，是马恩研究院校正过的德文本。我们所加的若干附注，大都是根据这个版本实行的。……此外，我们还参照了两种英文译本和两种日文译本，不过当中只有一种英译本和一种日译本是完全的。在格式方面，我们尽量保持原版的特色。在行文方面，我们尽量使其流畅，每一个地方，我们都顾虑到了，要使它的文句，不至于弄差它的意义。"[①]

1940年春，郭大力开始翻译《资本论》的第四卷，历时四年，最后完成了这部120万字著作的翻译。为了使其更加完善，他又花费了五年时间做修改工作。后来，随着我国社会主义经济建设的不断发展，全国掀起了学习马克思经济的思潮，为了达到整个译文翻译无误、尽善尽美，他又对其进行了全面的校改。可见，郭大力先生花费了一生完成这部著作的翻译工作，对翻译理论的发展起到了不可磨灭的作用。

2. 鲁迅

鲁迅是中国伟大的文学家、思想家、革命家，也是一位杰出的文学翻译家。他一生共翻译了14个国家100多位作家的200多种作品，印成了33种单行本，300余万字。主要译著有：日本片上伸的《无产阶级文学的理论与实际》，苏联法捷耶夫的《毁灭》，卢那卡尔斯基的《艺术论》《文艺与批评》，普列汉诺夫的《艺术论》《苏联的文艺政策》《一天的工作》等。他继承和发展了中国传统翻译理论和翻译思想，是中国译论的奠基人。

鲁迅发表了大量论述翻译理论和翻译思想的文章，阐发了一系列精湛的研究和论述，在当时的翻译界影响极大。鲁迅的翻译思想体现在以下几个方面：

---

① 马克思.资本论[M].郭大力，王亚南，译.北京：生活·读书·新知三联书店，2013.

(1) "重译"与"复译"的观点

晚清时期很多学者乱译、硬译的不良译风严重影响了中国读者对原作的认识。因此，鲁迅提出，要改变这种情况就需要对那些已有翻译版本的原作进行复译。这一思想对我国翻译事业的健康发展作出了不可磨灭的贡献。

(2) "以直译为主，以意译为辅"的翻译原则

针对晚清以来翻译多随意删减、颠倒、附益的不良风气，鲁迅明确提出"直译"的主张。需要指出的是，鲁迅所提倡的"直译"并非"死译"，也不是"逐字翻译"，而是既保存原文全部的思想内容，又要尽量保留原文的语言形式、风格等。

(3) "以信为主，以顺为辅"的翻译原则

鲁迅认为，翻译应做到两个字："信"和"顺"，并认为"信"是翻译工作中最重要的，译者应在保证"信"的同时尽量使译文流畅通顺。

(4) 翻译批评的观点

针对当时翻译界的混乱情况，鲁迅力矫时弊，提出了翻译批评的观点。他不仅指出了以前的翻译批评的不当之处，还对翻译批评该如何开展提出了很多独到的见解，为后来翻译批评的正确发展起到了促进作用。此外，鲁迅还提出"翻译应与创作并重"的思想，是我国翻译史上提倡翻译与创作并重思想的第一人。

3. 郭沫若

郭沫若，是中国现代著名的诗人、文学家、戏剧家、翻译家，其翻译思想主要表现在以下几个方面：

(1) "风韵译"理论

郭沫若在翻译《歌德诗中所表现的思想》一书中所引的歌德诗时所写下的《附白》一文中指出，"诗的生命，全在它那种不可把握之风韵，所以我想译

诗的手腕于直译意译之外,当得有种'风韵译'"。"风韵译"理论不赞同移植或逐字逐句地翻译,而是强调"以诗译诗",认为翻译的过程是两种文化融合的过程,不仅仅是两种语言的转换,更是译者对原文审美风格的再创造。

（2）生活体验论

对于译者的素质,郭沫若认为,主体性、责任心是译者必须具备的。他认为,翻译工作要求译者具有正确的出发点和高度的责任感,一方面要慎重选择作品,另一方面还要以严肃的态度进行翻译。

除了责任心,郭沫若认为,译者主观感情的投入对翻译工作也十分重要。翻译之前,译者首先要深入了解原文作家和作品,只有这样才能更深刻地了解原文和作者的思想。郭沫若曾说自己在翻译别人的作品时常常和原作者"合二为一",使自己变成作者,融入作品中,体会原作的情感与内涵。这种"合二为一"的翻译思想对翻译理论的发展同样做出了重要的贡献。

（3）好的翻译等于创作

郭沫若早期在文章《论诗三札》中曾将原作比作处子,把翻译看作媒婆,认为翻译是一种附属事业,贬低了翻译的作用。而随着文学思想的转变,郭沫若端正了对翻译的态度,认识到了翻译的重要作用,并指出"好的翻译等于创作,甚至可以超过创作。翻译有时比创作还困难。因为,创作需要一定的生活体验,而翻译却需要体验别人体验的生活。另外,翻译要求译者不仅要有很高的英语功底,还要有扎实的汉语功底。由此可见,翻译其实并不比创作容易。"[1]

翻译不是一项简单的工作,而是一种需要创造力的艺术。好的翻译和创作无异,甚至会超过创作。而郭沫若本人在翻译过程中无不关注原作的艺术风格以及精神思想,并将其融入笔端,进行艺术的再创作。只有这样的创造性翻译,才能是真正高质量的翻译。

---

[1] 郭沫若.郭沫若论创作[M].上海：上海文艺出版社,1983.

4. 林语堂

林语堂是我国著名的学者、文学家和语言学家，他对翻译的精辟见解和独到认识是对中国传统翻译思想的丰富和发展。他写过很多关于翻译理论的文章，其中，最系统、最著名的译论是《论翻译》。林语堂的翻译思想主要表现在以下几个方面：

首先，他提出了"翻译是一种艺术"的思想，并进一步提出翻译艺术应该信赖以下三条原则：

（1）译者对于原文文字及内容要有透彻的了解。

（2）译者的国文程度能帮助其顺畅地表达。

（3）译者对于翻译标准有正当的见解。

除以上三点，再无其他纪律可为译者的规范。

其次，他提出了翻译的三条标准，具体内容如下：

（1）忠实。忠实标准有"非字译""须传神""非绝对""须通顺"四项意义，分"直译"、"死译"、"意译"和"胡译"四个等级。

（2）通顺。通顺标准以心理学为依据，要求译者采取句译的翻译方法和目的语读者能够接受的译语行文习惯进行表达。

（3）美。美的标准要求译者把翻译当成一种艺术。在着手翻译之前，必须深刻理解原文的风度神韵，并且在翻译中将此风度神韵充分展现在译文中，这样才算完成了对待翻译如艺术一般的任务。

5. 茅盾

茅盾，是中国现代著名小说家、文学评论家、文化活动家。他所倡导的是"神韵"与"形貌"辩证统一的文学翻译批评理论，对中国的文学翻译批评产生了极大的影响。前面提到，晚清时期严复提出了"信、达、雅"的翻译标准，是对中国传统翻译批评影响深远的一种模式，也可以说是晚清文学翻译批评的标准模式。但在实践中，译者与翻译批评者之间互动不够，翻译批评难以真正起到指导翻译活动的作用。而随着五四运动的兴起，中西文化的碰撞为文学翻译以及文学翻译批评注入了新的活力。

茅盾在大量翻译外国文学作品的同时也十分注重中国古代文论中的精华。对于当时文学翻译批评界争论不下的"直译"和"意译"问题，茅盾提出了符合中国传统文化思想的文学翻译批评主张，即"形貌"和"神韵"相结合的辩证统一的翻译批评理论。

对于直译和意译，茅盾曾认为，由于英汉文字不同，对所有文本一律采取直译很难。往往译者照顾了语言的形式就会导致神韵不足，而照顾了神韵，语言形式又会和原文不同，即"形貌"与"神韵"无法同时保留。尽管如此，"形貌"与"神韵"却又是相反相成的，"单字""句调"不仅构成了语言的"形貌"，也构成了语篇的"神韵"。

茅盾通过中国文论中的"形貌""神韵""单字""句调"概念打破了晚清以来文学翻译批评的限制，他所倡导的"形貌"与"神韵"的辩证统一的翻译批评理论也是对当时争论已久的"直译"和"意译"问题的最佳解决，这使中国的翻译批评摆脱了传统束缚，焕发了新的生机，极大地促进了中国传统文学翻译批评向现代文学翻译批评转换。

6. 傅雷

傅雷是中国著名的文学翻译家、文艺评论家。其翻译思想主要表现在以下几个方面：

（1）翻译中的"传神达意"

傅雷曾说，领悟原文是一回事，而将原文含义用汉语表达出来又是另外一回事。他认为翻译时要做到"传神达意"必须做到以下三点：

其一，中文写作。傅雷认为，好的译文要给人一种原作者在用汉语写作的感觉。这样一来，原文的精神、意义以及译文的完整性和流畅性都得以保全，也不会产生以辞害意，或以意害辞的问题。

其二，反复修改。傅雷对待翻译的态度极其严肃，并以"文章千古事，得失寸心知"为座右铭。他提出，好的翻译离不开反复的锤炼和修改，做文字工作不能只想着一劳永逸，而应该不断地推敲、完善。

其三，重视译文的附属部分。所谓译文的附属部分，即注解、索引、后记、译文序等内容，这些都对译文能否"传神达意"有着重大影响，妥善处理这些内容有助于读者更好地理解原文的形式和内容。

（2）翻译中的"神形和谐"

傅雷认为，翻译要像临画，重点求神似，形似在次。他将中国古典美学理论运用于翻译之中，用绘画中的"形神论"的观点来对待翻译。傅雷指出，要做到传神达意，仅仅按照原文句法拼凑堆砌是不行的，更重要的是要和原文神似。然而，这并不是说译者可以抛弃原文的形式，而是要在和原文神似的基础上追求形似，不能求形而忘神。神和形是语篇的两个方面，二者紧密联系。神依附于形而存在，神又是形的根本意图。因此，二者是一个和谐的整体，其各自的轻重，无法简单地用"三七开"进行衡量。

形与神的和谐需要译者的创造。傅雷认为，翻译的标准应该是假设译文是原作者用汉语撰写的，并提倡译文必须使用纯粹的、规范的中文，不能声音拗口。另外，为了再现原文的生动内容，体现出时空、语境的差异，傅雷还指出，译者必须杂糅各地方言，也可以使用一些旧小说套语和文言。然而，使用方言、旧小说套语和文言的关键在于适当调和各成分在语篇中的作用，避免导致译文风格支离破碎。傅雷将方言、行话、文言和旧小说套语等融入白话文中，从而竭尽所能地传达原文"神韵"，这不能不说是一个创造性之举。

7. 钱锺书

钱锺书通晓五种文字，学贯古今中西，是我国著名的作家、文学研究家。他 1979 年出版近百万字的学术专著《管锥编》，其中引用的大量用以比较的外国名著和文艺论外文原文，均由他本人做了精湛的翻译。钱锺书有关翻译的文章主要有《林纾的翻译》《汉译第一首英语诗〈人生颂〉及有关二三事》《译事三难》《翻译术开宗明义》《译音字望文穿凿》等。

钱锺书在《林纾的翻译》一文中提出了"化境说"，他认为文学翻译的最高理想可以说是"化"，即"把作品从一国文字转换成另一国文字，既能不因语文习惯的差异而露出生硬牵强的痕迹，又能完全保存原作的风味，那就算得入于'化境'"。具体来说，"化"包括以下三个方面：

（1）转化，即将一国文字转换成另一国文字。

（2）归化，即能用汉语将外国文字准确、流畅、原汁原味地表现出来，读起来不像是译本，倒像是原作。

（3）化境，即原作的"投胎转世"，虽然语言表现变了，但精神姿致如故。

另外，"化"还需注意两个问题：翻译时不能因为语言表达的差异而表现出生硬、牵强之感，否则须得"化"之；"化"的时候不能随便去"化"，不能将原文文本中有的东西"化"没了，即虽然换了一个躯壳，译文仍要保留原文的风味、韵味。钱锺书的"化境说"将翻译引入文艺美学范畴，推动了中国传统翻译思想的发展。

第二节　当代文化翻译理论

自中国实施改革开放以后，中国与其他国家在政治、经济、文化、科技领域的交往日益频繁，这大大促进了国内翻译事业的发展，众多学者大量引入国外的翻译理论，有力促进了当代翻译思想的完善和发展。在一定程度上可以认为，中国已经进入了第二次翻译的高潮时期。在这一时期，文学作品的翻译仍然占据主导地位，大量国外名著、科技文献的译介使得中国学术界的思想更加开放。下面就来分析当代文化翻译理论的代表人物。

一、王佐良的文化翻译理论

王佐良（1916—1995）是中国著名的诗人、翻译家、作家，与许国璋、吴景荣一起被称为"新中国的三大英语权威人士"。自20世纪50年代起，王佐良开始致力于双向翻译和文学研究工作，将中国很多著名的戏剧作品如《雷雨》翻译成外文传播出去，同时也将国外的许多作品翻译成中文。

在对国外文学的研究中，王佐良主要针对英国文学展开探究，出版了很多与此相关的著作，如《英国浪漫主义诗歌史》《英诗的境界》《英国诗文选译集》《英国诗史》《苏格兰诗选》《读穆旦的诗》《英国文学论文集》《英国文学名篇选注》等，而最广为人知的则是他翻译培根的《论读书》，该译文被读者认为是最权威的版本。王佐良提出的文化翻译理论包括如下内容：

（1）重视翻译过程中各个因素的彼此协调。王佐良提出，翻译过程中要注意翻译的综合性，关注相关因素之间的复杂关系，同时还要运用辩证思维来调和、处理这些存在差异和对立关系的诸要素。

（2）脱离传统翻译思想。传统翻译思想的首要原则是要忠实，对此，王佐良先生提出了自己的见解，他认为译者需要保证整篇译文在总体效果上与原作取得一致。在原文与译文整体效果一致的基础上，译者如果发现某些细节内容与原作不符合，可以自己运用合适的话语进行变通。也就是说，翻译需要忠实，同时还需要一点创作上的自由。

（3）重视翻译过程中的文化因素。文化因素对翻译的影响巨大。王佐良认为，翻译里最大的障碍就是文化差异。两种文化不同，一种文化里自然而然的知识，到另外一种文化里则需要花费很多的内容来解释。他在《翻译中的文化比较》和《翻译与文化繁荣》两本著作中探讨了翻译与文化的密切关系，提出应该把翻译置于文化这一大背景下展开研究，强调译者要有文化观念和历史意识。

二、叶君健的文化翻译理论

叶君健（1914—1999）是我国著名的翻译家、儿童文学家。作为翻译家，叶君健通晓英文、瑞典文、丹麦文、法文、世界语等多种语言，一生翻译了大量的国外文学著作，最广为人知的就是对安徒生童话的译介。可以说，叶君健将毕生精力都奉献给了翻译事业，他主要的译著有易卜生的《总建筑师》（1942），贝洛奇的《南斯拉夫当代童话选》（1982）等。大致而言，叶君健提出的文化翻译理论包括如下几个方面：

（1）译者介入。传统翻译思想认为翻译过程中译者需要忠实传达原文的内容和形式，在翻译时不可改变或歪曲原文，不可增删词汇或用语、不可遗漏原文信息。也就是说，在翻译过程中译者处于"隐形"状态，要让读者感觉不到译者的存在。而叶君健则认为，翻译不是一种复制，其中必定包括译者的创造内容，是一种基于原文的文学创作。作为跨文化交际活动，翻译不是简单的语言转码，译者作为翻译的主体，其翻译过程必定会受到自身文化身份、意识形态等因素的影响。换言之，叶君健提倡翻译过程中的译者介入，要重视译者在其中的主体性和创造性作用。

（2）创造精品。这里的精品是指一部文学作品在被翻译成其他国家的文字后，可以成为该国的文化财富和文学组成部分，从而丰富其文学宝藏。叶君健认为，翻译不只是对原作内容的展现，更要结合本国的实际文化进行再创造，借鉴国外的先进文化影响国内文化的发展。一部文学性强烈的作品会成为国家的财富，产生永恒的文化和艺术价值，会对人的心灵、感情、喜怒哀乐等产生影响，给人提供艺术上的享受。这就要求译者在翻译中要精益求精，创造精品。

第三节　中国当代翻译学的建设

新中国成立后，我国的政治、经济、文化逐步取得了进步，当然翻译事业也和其他科学文化事业一样得到了蓬勃发展。在翻译理论的建设上也取得了卓越贡献，并深刻地反映了这一时代的特征。

一、传统翻译思想的再鼎盛

新中国成立初期，中国对传统的翻译思想比较推崇。主要表现在以下两个层面：

（1）"四论"的创立。"四论"分别是茅盾的"意境论"、傅雷的"重神似不重形似论"、焦菊隐的"整体论"、钱锺书的"化境论"。这"四论"实际上将文艺学与美学融入传统的语言学翻译理论之中，丰富和发展了传统翻译理论。

（2）翻译标准再论争。这次争论的焦点问题就是严复的"信、达、雅"翻译标准。而研究的问题就是沿用其翻译标准还是运用苏联的"分类标准"与"等值性"理论。由于新中国成立初期受到苏联的帮助，因此很多苏联作品随之引入，但是很多苏联作品并没有被译出，因此需要更多的翻译人员。而翻译者需要更为科学和完备的翻译理论。最终，这一争论以严复的"信、达、雅"获胜而告终。

二、中西翻译思想的融合

20世纪80年代，中国翻译事业呈现出新的繁荣景象。中国逐渐引进外国的翻译理论，推动了中国当代翻译理论的发展。对我国翻译理论起到重要作用的主要有以下几个方面：

（1）苏联翻译理论两大流派的影响。苏联的两大翻译流派，即语言学派和文艺学派在新中国成立的初期就已经被引入我国。其中，在翻译研究理论上，语言学派主张从语言学角度进行探讨，而文艺学派主要从文艺学角度进行讨。

（2）西方结构主义语言学的影响。这一时期，西方比较有代表性的学者有雅柯布逊、卡特福德、奈达、威尔斯等。其中雅柯布逊主张将语内、语际、符际翻译作为探索翻译理论的方法，而其他三位学者以语言学理论为依托提出了"等值理论"。这些理论与中国的传统翻译理论存在着某些相似之处，因此很快在翻译界与教育界盛行，并且打破了我国原本单一的静态的翻译理论局面，促进了我国翻译理论的发展。

（3）西方后结构主义的影响。1972年后，对我国翻译思想有重大影响的学派有"翻译研究派""综合学派""多元系统派""解构主义学派"等。这为当代翻译理论提供了新的视角，即重视动态和多元的观念，重视翻译的综合性，重视翻译者和使用者的作用。这些新的视角、新的思路为我国翻译理论建设发挥了积极的作用。

在这些理论的基础上，我国坚持在继承传统翻译理论的基础上，借鉴外国的先进翻译理论，从而创立自己的学说原则，取其精华，去其糟粕。很多年轻翻译家也进行了卓有成效的工作，如著名翻译家许渊冲。他是一位译作等身，新论迭出的著名翻译家，是20世纪将中国古典诗词译成英、法韵文的唯一专家。他在国内外出版了中、英、法文的文学作品五十余部，包括中文专著《文学翻译六十年》、英文专著《中国不朽诗三百首》、法文专著《中国古诗词三百首》等，还翻译了《诗经》《楚辞》《李白诗选》《西厢记》《红与黑》《包法利夫人》等众多名著。他的著作与译作在国内外赢得广泛的赞誉，为中国文化登上世界文坛开辟了道路。

许渊冲重实践，重创造，重艺术，他的每一个翻译理论都来源于丰富的翻译实践。在 1997 年的北京国际翻译学术研讨会上，许渊冲就翻译问题提出了以下三点意见：

（1）关于理论与实践。理论与实践若产生矛盾，应以实践为主。

（2）关于科学与艺术。翻译理论不是客观的科学规律，这是对翻译工作属于科学还是艺术的一个界定。

（3）关于创作与翻译。21 世纪是世界文学时代，文学翻译的地位与创作一样重要。

许渊冲把中国学派的文学翻译理论总结成了"美化之艺术，创优似竞赛"十个字，并高屋建瓴地从"美化之艺术"中提炼出"三美"、"三化"和"三之"。具体来说，"三美"指"意美、音美、形美"，是文学翻译的本体论。"三化"指"等化、浅化、深化"，是方法论。"三之"指"知之、好之、乐之"，是目的论。

许渊冲还指出，翻译中的源语和目的语之间存在三种态势：优势、均势和劣势。译文会在不断的比较、竞赛中得以不断的修正、完善，正如人类文化也在不断的竞赛中前进一样，这就是著名的"优势竞赛论"。此论一出，立即引出一场 20 世纪末持续时间最长的学术争论。

综上所述，这一时期的翻译家都注重理论与实践的统一，提出了新的翻译思想和观点，如多元互补论。多元互补论是由多个标准组成的，即绝对标准、最高标准、具体标准。这些标准是相辅相成的关系，并且有其特定的功能。这一理论吸取了西方的动态论和多元论，将翻译理论置于立体的思维模式下，打破了传统的一元论的观点。此外还有和谐说，和谐标准是在继承我国古代儒家和谐的基础上，借鉴西方的系统理论、对话理论以及格式塔心理学理论，提出的新的翻译标准。这一翻译标准也是一个系统，其中包含原作、译者、译作、源语、译语、读者等。翻译的过程就是从这些差异对立的转化中寻求一种中间的状态,其中翻译者起到主体作用,需要发挥其创造能力,运用"和而不同"的原则将译文展现给读者。

第五章 文化视角下的英语翻译理论

语言不能脱离文化而存在,文化是语言赖以生存和发展的土壤。语言的翻译不仅是语言符号表层指称意义的转换,更是两种不同文化的相互沟通与移植。翻译中是否实现文化信息的传递是衡量翻译质量的一个重要标准。本章的主要内容为文化翻译理论概述、文化差异与翻译。

第一节 文化翻译理论概述

一、文化与语言的关系

人类文化的发展在很大程度上取决于语言。语言是文化中最重要的因素,也是让文化代代相传的"工程师"。语言与文化是一对"兄弟",不可分离。毋庸置疑,语言是社会文化发展的产物,社会文化制约着语言使用者的思维方式和表达能力。语言通常代表一种文化,或者语言是一个国家或地区社会文化的缩影,是人们思想的"直接现实"。

(一)语言反映文化

语言是文化的镜子,它直接反映了文化的现实和内涵。文化的外观也可以反映在语言之中。特定社会中的语言是这种社会文化不可分割的一部分,每种语言的差异将反映社会事物、习俗和活动的重要文化特征。词汇是形式和意义的统一,其意义主要分为两类:指示意义和引申意义。前者指词语的字面意思;

后者是指词语的隐含意义，即词语的文化内涵。前者相对固定，而后者包括引申意义或联想意义。语言词汇反映并受限于不同国家或民族的政治、地理、价值观、习俗、文化心理和宗教信仰。

1. 语言反映生存环境

文化的形成受到生存环境的影响。特定的文化反映到语言中，就形成了独特的语言表达形式。例如，因为因纽特人生活在寒冷地区，所以他们有20多个描述雪的词。因纽特人使用不同的词语来表示"落在地上的雪越积越多"。不同形式的雪在他们的生活中扮演着非常重要的角色（狩猎、旅行、娱乐和其他活动）。然而，英语中只有一个词表示雪（snow），阿拉伯国家的语言中没有雪，因为那里没有雪，人们不熟悉雪。又如，英语习语"sudden as April shower"的意思是"骤如四月阵雨，突如其来"。对中国人来说，这听起来肯定是7月和8月的夏雨，而不是4月的春雨。这两种对4月雨的不同看法是由于两国地理位置的不同而产生的。中国和英国分别位于东半球和西半球。中国大部分地区属温带季风气候且有大陆性特点，降水主要集中在夏季；而英国是一个被海洋包围的岛国，属温带海洋性气候，全年湿润潮湿且降水分布比较均匀。这就形成了中国7月有阵雨，而英国4月有阵雨的气候差异。在美国人的生活中，汽车是一个重要的交通工具。美国英语中有26个词表示汽车，还有许多与汽车相关的词语。酒后驾驶是一大社会危害，英语有许多词语表达"醉酒"，如pissed, drunk, under the influence, pickled, high等。

2. 语言反映民族心理

语言是民族文化的载体，反映了民族心理，如伦理、价值观等。例如，"嫂子"翻译成英文是"sister-in-law"，但是这两个词的词义不完全对等，"嫂子"指哥哥的妻子，"sister-in-law"表示兄弟的妻子。从形态特征来看，"嫂子"一词源于"叟"，指的是老年人。可以看出，"嫂子"这个词反映了中国家庭伦理中对长辈和晚辈的严格区分以及长兄为父、长嫂为母的等级制度。

语言是文化的一个组成部分，语言记录文化、继承文化、反映文化。这两者密切相关、相辅相成。语言不仅是人类社会交流的重要工具，也是文化的重要部分。不同民族的语言不仅受自身社会文化的制约，还反映了特定的文化内容。如果某个民族的人不了解某个民族的文化，那么有效和顺畅的交流将是不可能的。

（二）语言促进文化发展

文化是语言发展的动力，也可以说，语言的丰富和发展是整个文化发展的先决条件。可以想象，如果没有语言记录祖先的知识和经历，后代将从头开始，社会将停滞不前，更不用说文化发展了。如果没有语言作为桥梁，人们之间就不会有交流。人类无法相互吸收先进的知识和经验，这也将影响社会发展和文化进步。语言是思想的直接体现，词汇最能敏感地反映生活和人类思想的变化。由于语言或词汇受文化的影响，因此用于表达的语言或词汇也必定深深打上文化的烙印，附带有文化的含义或引申义。正是借助语言，文化的各个组成部分，如政治、法律、教育、风俗习惯、艺术创造、思维方式等，才得以薪火相传，代代不息。

（三）文化影响语言发展

语言是一种文化行为，语言的多种方面，如词汇含义、语法结构等，都包含着许多文化因素。因此，文化与语言的形成密切相关，文化是语言形成和发展的基础，没有哪种语言能脱离文化而存在。

词汇是语言的基本组成部分，因此，文化对语言的影响也主要通过词汇表现出来。例如，由于阿拉伯民族属于沙漠游牧民族，因此骆驼在阿拉伯人的生活中占据重要地位，也影响着阿拉伯人的文化。在阿拉伯语言中有大量关于骆驼的词汇，包含骆驼的各个部位和与骆驼相关的各种装备等。可见一个民族的文化能影响其语言的形成和发展。

中西双方文化不同，所使用的语言也分属不同的语系，语言之间的巨大差异就更不用说了。从句子结构上来看,汉语常用并列结构,而英语则用主从结构。在一句典型的英语句子中,某种语义的表达极大地依赖于句子中的语法手段;而在汉语并列结构的句子里,语义的传达只依靠内在的逻辑,把一些具有意义的短语松散地连在一起,就可以传达一个完整的意义。因此,英语语言的特点是句子结构紧凑,语义通过复杂的层次关系,依靠清晰的逻辑关系传递。而在汉语句子中,具有意义的短语经常被闲散地堆在一起,而这些分散的语义之间有一条看不见的逻辑线把它们联结成一个完整的句子。

文化影响语言的含义和结构。文化的动态特征会推动语言发生变化。随着社会的不断发展,白话文、汉语拼音、简化字、普通话等,让汉语发生了巨大变化。新事物、新思潮的出现,外来文化的影响也使很多词汇的意义发生巨大变化。

不管是在汉语还是在英语中,这样的例子俯拾皆是、不胜枚举。英语中很多词汇随着时代的变迁被赋予了新的意义。例如,"happening"旧用法指一次事件,新用法指"哈普宁艺术";"bug"原指虫子,现在的意思是"硬件或者软件中的漏洞(缺点)";"hit"原指"打击",现在的意思是"点击(进入某个网站)"等。英语中描写新文化现象、文化潮流、时代特征的词汇也很多,如 hippy(嬉皮士),yuppie(雅皮士)。文化创造了这些词汇,同时这些词汇记录了文化,并反映了当时的文化特征。

(四)文化制约语言应用

文化是制约语言运用的重要因素之一。语境是理解语言的先决条件。语境包括语言语境、情景语境和文化语境。不同的文化背景下必然会有不同的语言使用方式,影响着语言的理解和运用。因此,不同文化背景下的交际要特别注意文化间的差异。

在中国,朋友见面都会进行类似"吃饭了吗?""去干什么?"的问候寒暄,这会使人感觉到友好、亲切,能够加深彼此之间的感情。然而在西方文化中却不能开展对这些问题的寒暄。如果见到一个外国人问候"Have you eaten yet?"他们会认为你邀请他们吃饭,如果问"Where are you going this morning?"他们会认为你在打探他的私事。因此,文化在语言中起着至关重要的作用。

二、文化与翻译的关系

文化体现了一个国家在一定时期内的思想内容、行为、习俗和习惯,它是人类发展过程中不可磨灭的印记,也是人类整个生活方式和生活过程的沉淀。纵观历史,文化更像是一种特殊的象征,反映了整个群体的各个方面。博大精深的文化不仅意味着政治和经济的繁荣,也对政治和经济产生了深远的影响。走在壮丽的历史走廊上,可以欣赏到各种学派之间的激烈争论。孔子创立的儒家学派作为中国固有价值体系的体现,已经逐渐发展为中国传统文化的主体,并对东南亚乃至世界产生了深远的影响。纵观西方哲学史,最早提出的常规哲学范畴是理性,它对各国文化的影响可以说是根深蒂固的。作为古代欧洲和中世纪常见的哲学概念,它通常指的是世界上可理解的规律。

翻译活动越来越被视为跨文化活动,即从最初被认为是一种语言到另一种语言的转换活动,一些使用一种语言的人可能与一些使用另一种语言的人属于同一话语系统或社区,因此这些人之间的交流是同一话语中的交流,并且很容易相互理解。他们之间交流的障碍主要来自他们各自语言的差异。对于那些不属于同一语言社区或同一话语社区的人来说,他们的交流更加复杂,他们在理解上会遇到很多困难。同一话语共同体内部的交流和不同话语共同体之间的交流不可避免地会对他们产生深远的影响,因此表现出不同的特点。

(一)文化影响翻译

在当今时代,文化已经渗透到社会的各个角落,反映在人们日常生活的各个方面,承载着丰富多彩的内涵和信息。同样,文化对语言和翻译也有重要影响。语言本身是一种社会文化现象,是社会文化发展的产物。同时,语言也是文化的载体。语言和文化之间的密切关系也决定了翻译和文化之间的密切关系。翻译是两种语言之间的转换过程，不可避免地涉及两种不同的文化。事实上，翻译是一种跨文化的活动。翻译不仅要实现语言对等，还要实现文化对等。

在语言翻译过程中，文化因素制约着译者的翻译选择。这种制约影响非常广泛，涉及语言的各个方面，尤其是习语。习语来源广泛，除了宗教、历史事件和地名，还包括童话、传说、民俗、某些文学作品、动植物名称、日用品等。

不同语言之间的文化差异客观上增加了翻译和交流的难度，但是随着翻译和交流更加频繁，在现代社会中就对翻译提出了更高的要求。因此，不仅要理解这些差异，更重要的是分析这些差异对翻译和交流可能产生的影响，研究这种影响带来的问题，并寻求克服困难和解决问题的方法和途径，从而提高翻译质量。

语言文化差异造成的困难和问题大致可分为两种类型：一种是"翻译失败"，即读者不知道译文的含义或误解原文的含义，另一种是"翻译冲突"，即双方的误解或冲突，特别是与政治思想和外交术语有关的误解，会产生严重后果。在外交中，如果不理解不同语言之间的内涵差异，话题选择违反了一方的文化禁忌，远远超出了法规允许的范围，冲突很容易发生，交流也很困难。

由于地域文化的影响，译者的大多数目的语言更接近源语言的文化含义，不懂源语言的读者总是认为他们在阅读母语作者写的作品。然而，由于了解源语言文化的译者有时会更多地考虑不了解源语言文化的读者，因此源语言文化不可避免地会影响译者对词语和语义的选择。这客观上阻碍了目的语的读者对外国文化的理解、吸收和传播。解决的办法是，译者首先要树立正确的人生观和翻译观，从社会现实的角度正确理解翻译的目的和意义，选择正确的翻译策略和方法，努力发挥翻译的桥梁和纽带作用。

译者不仅要有扎实的语言知识，还要有较高的文化素质，这对翻译实践具有重要意义。在文化全球化的背景下，从文化的角度研究语言和翻译尤为重要。

在跨文化交际中，文化相互影响和渗透，可以理解为以下三个方面：

第一，语言是物质世界的一部分，是人类进化和劳动实践的结果。从语言的内部结构系统和人们产生语言的心理过程来看，语言的理解和使用是在人的生理（包括神经）机制和物质时空下发生的，语言的形式和内容具有物质属性，语言符号系统本身的规则和人类认知规律也制约着词语文化意义的产生，因此，可以说词语文化意义是主客观互动的产物。

第二，语言是关于物质世界的理论。语言不仅可以建立概念基础，也建立了互动的基础，语言被构建为客观世界和主观世界之间的认知中介平台。语言成为人们和客观世界互动的媒介和渠道。人类的一般认知能力是在与环境的互动中通过同化和适应形成的。语言意义的产生和解释离不开人们的身体特征、生理机制和神经系统。

第三，语言是物质世界的隐喻，是人类思维外化的结果。当了解外部世界的人理解和描述它时，一方面，他们应该受到外部世界本身存在的限制，另一方面，他们应该受到他们所属民族文化的影响。语言不可避免地会在人们的理解过程中"自动"将人类实践外化，并且不可避免地会成为人们在现实的"真理"基础上实现思维创造和价值追求的工具。

（二）文化干预翻译过程

翻译既是两种语言之间的转换过程，也是两种文化之间的转换过程，这种转换通过语言来实现。英汉两种文化之间存在一定的重叠，这是进行翻译的基础。但两种文化之间也存在许多差异，这是翻译应考虑的重点。一般来说，可以将翻译过程分为理解和表达两个层面，其中理解是表达的基础，表达是理解的最终体现。一部小说中会蕴含作者的思维方式、思想情感、生活方式、风俗习惯等文化因素。译者为完整传达出原文的文化信息，再现原文的神韵，就需要准确分析原文的文化含义，从而达到文化交流的目的。因此，文化影响并干预翻译的过程，并且贯穿翻译的始终。

（三）翻译促进文化交流

翻译的产生源于人类之间的相互交流需要，因此可以说翻译的作用就是促进文化交流。翻译是一种跨文化的交流活动，它克服语言障碍，传达不同语言的意义，实现两种文化之间的转换。一个民族，文化的发展离不开外来文化的推动，翻译正是推动文化发展的重要媒介。

促进文化的传播，推动文化之间的交流与融合，不仅是翻译的使命，更是翻译的价值所在。随着文化交流的日益频繁，文化之间会发生交流与融合，各民族文化之间的相通性成分逐步增加。现在已经很难找到一种不与其他文化之间发生交流的文化。因此，翻译有利于促进文化交流。

三、文化翻译的原则

（一）再现源语文化信息

文化和语言是相互依存、相互影响的关系。翻译过程实际上是文化信息传递的过程。在进行翻译时，译者再现源语的文化信息，应当使用符合目的语的表达习惯对原文进行翻译，从而克服翻译过程中源语对翻译的干扰，避免机械的翻译，保证译文的生动和流畅。

例：It was Friday and soon they would go out and get drunk.

译文1：今天是星期五，他们马上就要出去喝得酩酊大醉。

译文2：今天是星期五，发薪水的日子，他们马上就要出去喝得酩酊大醉。

在译文1中，译者单纯根据字面进行翻译，读者不能理解周五与喝醉之间的关系。在译文2中，译者掌握了源语言的文化背景，得知星期五是发薪水的日期，因此，人们拿到薪水后，就会出去喝酒，译出了星期五背后所蕴含的文化信息，让读者能够理解原文含义。

（二）再现源语文化特色

文化翻译不仅要再现源语文化信息，还要注意再现源语文化特色。在翻译时，译者既要保证字面信息的准确性，还要将源语文化传达给读者，保留源语言的文化特色，保证源语文化的完整性。

在对英语进行汉语的翻译时，译者有可能会自然地站在汉语的角度，对于翻译进行审视，这样做就容易造成翻译中出现错误，造成读者对译文难以理解，阻碍和破坏了原文信息的传递。因此，对于译者来说，在进行翻译时，必须保持虚心的态度，积极思考，遇到有疑问的地方，应当谨慎处理，避免望文生义或机械的翻译。

四、文化翻译的策略

由于中西文化的历史背景与发展历程不同，中西方人在思维方式与表达方式等方面具有很大差异。这种差异使得源语言与目的语，无论是在语言风格、语篇文体等方面，还是在文化意识、风俗习惯等方面，都具有各自的特征。因此，翻译不仅是不同语言之间的交换，更是不同文化之间的交换。也就是说，翻译不仅仅是单纯的语言行为，其中还蕴含着深厚的文化内涵。因此，在进行英语翻译时，不仅要追求语义与功能的对等，还要实现文化上的功能等值。要做到最大化地实现原文文本所要表达的交际效果，达到文化功能对等，可采取以下几种翻译策略：

（一）归化与异化策略

在文化翻译过程中，归化策略和异化策略是经常使用的两种翻译策略。1995年，美国理论家劳伦斯·韦努蒂（Lawrence Venuti）最早提出"归化"和"异化"两个术语。

施莱尔马赫（Friedrich Daniel Ernst Schleiermacher）认为，要想让目的语的读者在不脱离目的语的情况下正确理解原文，可采取两种策略：一种是尽可能地不打扰原作者，让读者去接近原作者；另一种是尽可能地不打扰读者，让作者去接近读者。

归化策略以目的语的读者为归宿，追求译文的通俗易懂。异化策略以源语言的作者为归宿，保留原文的语言效果，保持"异国情调"。在此基础上，西方翻译界产生了两种对立的立场，即归化派和异化派。

奈达是归化派的代表人物。他认为译文应追求自然，译者不应为表达源语言信息而强迫目的语的读者接收源语言的文化信息，而应将源语言尽可能自然地融入目的语文化。

劳伦斯·韦努蒂是异化派的代表人物。他认为译文要突出原文的特色之处，保留原文的语言风格，展现出原文的民族特性，这样译者就能从语言规范中解放出来。

中国关于"归化"和"异化"的争论源于直译和意译的争论，其发展大致可分为以下三个时期：

第一个时期是古代佛经翻译时期，这一时期的翻译主要为佛经翻译。道安主张直译，支谦主张意译，玄奘则主张直译与意译相结合。道安和支谦是最早提出直译和意译论争的人。

第二个时期是近代西学翻译时期，这一时期主要是西方文学作品翻译。在该时期，大量西方文学作品被引入中国，大量翻译家积极投身于翻译事业，如严复翻译了《天演论》《国富论》，林纾翻译了《茶花女》《迦因小传》，朱生豪翻译了《仲夏夜之梦》《威尼斯商人》等。这一时期翻译界出现了关于翻译标准的争论，主要包括直译与意译的问题、信与顺的问题、"异化"与"归化"问题、重译问题等。

第三个时期是当代西学翻译时期，这一时期的翻译主要为外国作品翻译。1987年，刘英凯率先以异化翻译挑战归化翻译。自此以后，关于归化和异化两种翻译策略的争论在翻译界引起了热烈讨论。

事实上，归化和异化两种不同的主张是考虑不同的出发点。在翻译实践中，译者应具体情况具体分析，恰当使用这两种翻译策略，使二者相互补充。下面分别对归化策略和异化策略进行具体说明。

1. 归化策略

归化策略以目的语文化为终点，将源语言翻译成更符合目的语的读者的表达习惯，使译文更加通俗易懂。归化策略要求译者在翻译时以目的语为归宿，对源语言在语言、习惯、文化等方面进行处理，从而使翻译实现动态对等或功能对等。对于翻译来说，应追求动态对等的实现，即翻译使源语言在语言形式、文化等方面符合目的语的规范。

具体来说，实施归化策略要求译者以目的语的读者为重点，按照他们的习惯对源语言进行翻译。在把握原文意义的基础上，利用目的语的形式，表达相同的意思。采用归化策略翻译出原文，最大的特点就是用地道的目的语进行表达，没有一点翻译的痕迹。在翻译过程中，要在保证信息准确的前提下，在语言层面上对译文做适当的归化处理，以确保信息的准确和读者的理解，从而实现译文的预期目的。

在翻译过程中，如果目的语中缺乏与源语言相对应的词语，就应使用归化策略，消除文化隔阂，使读者理解原文含义。

在翻译文化信息浓厚的内容时，也应使用归化策略来提高译文的可读性。尤其是在翻译历史典故、成语和俗语等时，更应使用归化策略。

归化策略虽然能传达原文含义，但却没有考虑到原文的语言形式，使得译文失去许多原文的文化信息。如果译者过度使用归化翻译，只寻找目的语中的语言形式，而不去了解源语言中丰富的文化信息，就不能称为成功的翻译，不利于不同文化的沟通和交流。

2.异化策略

异化策略是指在翻译时应当尽量保持源语言习语的语言形式，将原文的内容、形式、精神都输入译文中，保留形象，努力减少翻译中的损失。实施异化策略进行翻译，有利于体现文化的多样性，突出源语言与目的语在语言、文化等方面的差异，表现出一种自主的意识状态。在翻译过程中应用异化策略主要有以下几方面的优点：

①提高源语言表达在译语中的固定性和统一性，对于源语言和目的语的表达在不同语境中的一致对应有着积极的作用。

②使译文简洁、独立，同时保持源语言的形象、生动。

③提高表达语境的适应性，提高译文的衔接程度，同时还对不同语言之间的词语趋同产生有利的作用。

随着各国之间的文化交流日益频繁，各国之间的文化隔阂也越来越少。各国在保留自身优秀传统文化的同时，也乐于吸收和借鉴外来文化。因此，在英语和汉语中有许多异化的词语。

虽然异化策略能保持源语言的文化信息和文化特色、提高译文的衔接程度，但是译者要掌握好使用异化策略的"度"。如果过度使用异化策略，就不能保证译文的通俗易懂。

3.归化与异化策略的结合

归化策略和异化策略是相辅相成的关系，而不是互不相容的。归化策略和异化策略有其自身的特点和适用范围。因此，译者要掌握好两种翻译策略的适用范围，不偏向其中一方，实现策略的有机结合，达到最佳的翻译效果。

在翻译实践中，译者应把握好使用翻译策略的尺度，不能过分归化，不考虑源语言的语言形式和文化内涵，单纯追求译文的通俗易懂；也不能过分异化，不考虑读者的语言习惯，单纯追求原文的语言形式和文化内涵，造成译文的晦涩难懂，影响译文的可读性。

有学者指出，在文化翻译过程中，要把异化策略作为首选的翻译策略，而把归化策略作为辅助策略。译者要尽可能地保留原文的文化信息，必要时进行规划。具体而言，归化与异化的关系处理可按照以下几点原则：

第一，在翻译过程中，尽量使用异化策略，保留原文的语言风格和文化信息，使译文达到形神兼备的效果。因此，在不影响译文内容含义的情况下，应尽量使用异化策略。

第二，如果单独使用异化策略无法完整传达原文信息，应综合使用归化策略和异化策略。

第三，如果单独使用异化策略无法正常翻译，应使用归化策略，传达原文的深层含义，提高译文的可读性。

第四，在使用归化策略和异化策略时，要坚持适度原则。具体而言，使用归化策略时不能改变原文的语言风格和文化内涵，使用异化策略时要保证译文通顺，具有可读性。

（二）音译策略

音译是基于文化差异的具体策略之一。这种策略在翻译中所起的作用一直是很重要的。如果原文中所包含的文化信息，在目的语中没有相对应的词语，为尽可能地传达原文的文化信息，此时可以采取音译策略，许多英语中的词汇通过音译进入汉语。例如，CocaCola（可口可乐），cheese（芝士），golf（高尔夫），sofa（沙发）等。另外，随着国际交流的发展，汉语中的许多词汇也通过音译进入了英语。例如，太极拳（taijiquan），功夫（kungfu），豆腐（tofu）等。

（三）折中策略

此外，还可采取折中的翻译策略。折中策略，即在进行英语翻译时，对原文的意思进行总结，并对原文中的文化意象进行适当的处理。例如，在英语中有 a literary lion 的意象，如果按照直译的方法进行翻译，则翻译为"文学狮子"，而在汉语中找不到类似的意象,因此,这样的翻译难以为中国读者接受。而在汉语中,有相似的意象,即"泰斗"和"巨匠",但是在英文中,a literary lion 指的是 a celebrated author,将其翻译为"文学泰斗"或"文学巨匠"在程度上又过高,因此折中翻译为"著名作家"是较为合适的。

总而言之,在英语翻译过程中,译者应具体情况具体分析,采取最佳的翻译策略,准确传达原文信息,并使译文通俗易懂,从而达到文化交流的目的。

第二节 文化差异与翻译

一、文化信息传递

(一)文化信息传递与翻译的关系

语言作为一种符号,是人类传达他们在社会生活中需要沟通和交流的内容的工具。这些内容不仅体现人们的生产和生活活动,还反映了人们的思想感情。作为文化结构中的重要组成部分,语言承载了大量的文化信息,由此可见,翻译不仅是语言符号的转化活动,还是语言之间的文化信息的传递活动。

尤金·奈达认为,翻译是两种文化之间的沟通和交流。要想获得成功的翻译,译者不仅要熟知两种语言,更要掌握两种文化。对于译者而言,文化甚至比语言更为重要。因为,语言只有在其作用的文化中才有意义,只有实现文化信息的传递,才能实现文化之间的交流,发挥翻译的跨文化交际功能。

(二)文化信息传递的重要性

不同的社会背景,会形成不同的社会结构、风俗习惯、生活方式、思维方式等。我国与英美国家之间由于社会结构、地理环境、民族历史、生活方式等不同,形成了较大的文化差异,反映到语言上,在词汇的理解和运用、句式结构以及语篇内容排列等方面都存在差异。因此,在翻译过程中要考虑原文的文化信息，并以目的语的读者易于理解的表达方式传递出来。如果不注重原文的文化信息，就容易出现错译。

英语翻译不仅要关注表层形式的对等，还要实现在深层功能上的对等，并不是结构上的对等，而是原作者所要表达的真正的信息、风格和功能的对等，也即译语文本与原文本在效果上的对等，在语义、文化、风格等信息上的对等。在信息对等的要求下，翻译不应当仅在字面上实现语码的转换，而是在正确传达原文基本信息的前提下，强调突出表达原文本的交际意图以及译文在目的语语境中的交际功能。

（三）文化信息传递的考虑因素

1. 习惯表达

英汉两种语言的习惯表达各具特色，蕴含着丰富的文化信息。因此，在翻译时，译者要考虑英汉语言的习惯表达，实现文化信息传递。要实现文化信息传递，就必须对两种语言的文化进行对比，在两种文化的习惯表达中寻找对等语。例如，一个耳熟能详的短语 restroom，这个短语中 rest 的意思是"休息"、room 的意思是"房间"，但是不能将 restroom 翻译成"休息室"。restroom 在口语中是"厕所"的意思。英语国家的人不想把厕所说得那么明显，所以就用 restroom 来替代，类似于我国将"厕所"称为"洗手间"。

2. 词汇空缺

由于英汉两种语言的文化背景不同，可能出现词汇空缺。这里所指的词汇空缺是指源语言中的文化信息在目的语中没有相应对等语。译者应考虑词汇空缺现象，采取合适的策略进行翻译。

3. 形象词语

我国与英美国家的社会背景不同，因此形象词语的语义联想也不同。例如，在西方，猫头鹰是智慧的象征。而在我国，猫头鹰叫作"夜猫子"，俗语"夜猫子进宅"意思为厄运将至，因此猫头鹰是厄运的象征。

4.历史典故

由于英汉两种语言的文化背景大相径庭，涉及历史典故的翻译难度较大，目的语的读者可能难以理解历史典故的寓意。例如，汉语中的"东施效颦""请君入瓮""草船借箭"等历史典故具有特定的文化来源。因此，要把握好历史典故的文化信息传递。

二、语言歧义现象

（一）产生歧义的原因

歧义是指一个词或句子在意义上的模糊性，词或句子可以有两种或两种以上的解释。这是语言中的一种普遍现象，汉语和英语也不例外。英汉两种语言中有许多多义词和同音异义词，容易产生歧义现象。如果译者不考虑语言中的歧义，就会形成语言交流障碍。产生歧义的原因是多方面的，无论是口语还是书面语，人们都希望语言能准确表达自己的思想。由于英汉两种语言的多义词和同音异义词较多，歧义现象难以避免。

歧义可以分为语音歧义、词汇歧义、指代歧义、结构歧义、话语歧义等。其中词汇歧义主要因为同音词、一义多词、一词多义等，结构歧义主要因为句子结构不严谨和有限的语法结构造成的句子形态含混。在日常交际中，人们能够根据说话人的语调、表情或手势等澄清歧义。但在书面语中，就不能借助这些信息。如果不借助语境，就会产生歧义现象，不能理解作者的思想。因此，书面语中的歧义现象较多。

（二）歧义的种类

1.无意歧义

（1）语音歧义

语音歧义是指语音上的歧义现象。两个发音相同的单词，无论拼法是否相同，都可能产生歧义现象。这种同音异义所导致的歧义也叫作谐音歧义。在谜语、笑话、诗歌、小说等中都有许多语音歧义的例子。恰当使用语音歧义不仅能增添文章的可读性，还能提高文章的修辞效果。

（2）词汇歧义

词汇歧义是指词汇的歧义现象。在一个句子中，一个词可能出现多次，但这个词在句子中表示不同的意义，主要表现在多义词、同形异义词等几个方面。英汉语言中有许多同形异义词或多义词，很容易引起歧义。一个词最初出现时仅有一个意义，作为某种特定事物、行为或现象的名称，但随着语言的不断发展，这个词被赋予了其他意义。

（3）结构歧义

句子成分在整个句子中的作用是摇摆不定的，没有明确的修饰对象，由此形成了不同的句法功能。任何一种被社会广泛接受的表达方式，都是建立在约定俗成或集体习惯的基础上的。因此，语言符号的编码形式具有规律性、相对稳定性和社会性。在语言的实际运用中，有些传统意义的语法结构存在多种解释，歧义现象普遍。

2.有意歧义

有意歧义是作者有意识地使用歧义，通过一语双关、声东击西等手段来达到特定的目的，使语言幽默风趣，增添语言的表达效果和艺术效果。在实际中，运用有意歧义可以产生以下几方面的作用：

（1）幽默效果

有意歧义可以使语言幽默风趣，让作者委婉地表达自己的思想，从而活跃气氛，产生幽默效果。

（2）讽刺效果

有意歧义还可以产生讽刺效果，也可以使作者委婉地表达自己的思想。这是语言技巧的体现。

（3）表达情感

在文学作品中，作者可以使用有意歧义来刻画人物性格和行为，并表达人物的情感。

（4）吸引注意

在广告等宣传用语中使用有意歧义可以使语言更加简洁，让读者产生更深刻的印象。有意歧义是对语言技巧的智慧运用，能产生更强烈的表达效果，提高语言的艺术性。

三、文化失真现象

（一）文化失真现象的含义

文化是人类所创造的物质财富和精神财富的总和，是人类文明进步的重要成果。随着经济全球化的发展，各国之间的交流日益频繁，推动着各国文化之间的相互交流与融合。无论是中国还是西方国家，翻译活动都已经有数千年的历史。翻译活动记录了人们在政治、经济、文化、科技、军事等方面的交流。例如，中国四大发明的传播、鉴真东渡、马可·波罗东游、郑和下西洋、哥伦布发现新大陆，在这些活动中，翻译都发挥了重要作用。

各国由于社会背景不同，所形成的文化也存在很大差异。因此，在翻译过程中容易出现文化失真现象，使得读者在接触译文时无法理解或产生误解，对文化交流产生负面影响。翻译中的文化失真现象，是指在跨文化交际过程中，一方的文化信息在翻译后，造成另一方接受者无法理解或产生误解的一种文化丧失或扭曲现象。

（二）产生文化失真的原因

在翻译过程中，存在许多影响信息传播的因素，使得跨文化交流与传播中的文化信息发生了扭曲变形。产生文化失真的原因可分为客观和主观两方面，即无意和刻意。

1. 客观原因

在翻译过程中,译者会受到生理、心理、语言知识、文化知识等方面的影响,在无意中产生文化失真现象。这些影响因素有些能够避免,有些则难以避免。

在口译过程中,译者受心理和生理因素的影响较大。例如,口译现场环境十分严肃,译者就容易产生心理压力,如果不能调整好心理状态,各种感官的机能减弱,就容易出现翻译错误。

语言知识和文化知识的限制是造成文化失真现象的重要原因。有些译者可能语言知识扎实,但文化知识较为缺乏,在翻译过程中就容易忽视语言层面的文化信息,出现文化失真现象。

虽然上述因素属于客观的原因,但却是能够避免的。如果译者具有较好的心理状态,且语言知识和文化知识水平较高,在翻译中就会注意发掘语言背后的深层文化含义,不容易出现文化失真现象。另外,有一些文化失真现象是因为语言的不可译性而不可避免的。例如,当目的语中没有源语言的对等语,且包含了特定的文化现象,如果强硬翻译源语言,就会出现文化失真现象。

2. 主观原因

有时译文中会出现由于译者的主观刻意行为引起的文化失真现象。这与译者所处的社会背景以及译者本身的价值观念有一定关系。由于各国的社会背景存在一定差异,会出现难以忠实传译的现象,从而造成文化失真。

(三)文化失真现象的应对策略

1. 夯实语言基础

译者首先要夯实语言基础,不仅要加强汉语功底,还要提高英语水平。只有掌握足够的翻译技巧与方法,并进行翻译实践,积累足够的翻译经验,才能做到汉语与英语之间的灵活转换。

2.学习外国文化

多接触和了解所学外国的文化，有意识地把它与本国文化进行比较。译者要特别留意文化中的禁忌，了解哪些文化在一方是正面形象，但在另一方却是负面形象，哪些文化在一方是众所周知的，但在另一方却是闻所未闻的，译者可以通过浏览杂志、电视、电脑等方式，学习外国文化。

3.提高个人修养

译者要树立正确的价值观念，提高个人修养，认真对待翻译过程。例如，面对不可避免的文化不可译现象，译者应实事求是，让读者了解不同文化的差异，切不可乱译。另外，译者不能随意修改源语言的文化信息，这会扩大文化失真现象的不利影响。

四、语言与文化的不可译性

（一）不可译性的含义

所谓不可译性，是指一种源语文本或单位不能翻译成另一种语言或单位，从而无法实现使用两种不同语言的人群之间的沟通或理解。不可译性是外来词中"顽固的、未物化的、未分解的、未被扬弃的"那些成分。

英语和汉语是两种不同的语言，因此，在语法、结构等方面不可避免地存在一定的差异，而差异的存在有时会导致不可译现象。对于这一问题，译者在进行翻译时，必须对英汉语言在文化、表达方式等方面的差异进行分析，在此基础之上，利用各种翻译技巧，尽量使译文能够表达原文的意思。在翻译中，不可译的现象虽然存在，但是并不多见。在遇到这类情况时，还可以采用一些其他的方法进行处理，如面对词义的不对等时，可以使用近义词进行处理，在不影响理解的情况下，还可以使用音译法。

（二）语言的不可译性

语言的不可译性是指在语言形式方面，目的语中不存在与源语言相对应的形式特征，其原因主要包括以下两方面：

①源语言中两个或两个以上的词汇或语法单位共用一种语言形式。

②源语言中的一词多义在目的语中没有对应的表达形式。

由于汉语属于汉藏语系，英语属于印欧语系，两种语言在语音系统、文字结构以及修辞方式等方面都存在很大差异，因而经常出现无法找到对应表达形式的情况，从而形成了语言的不可译性。语言的不可译性，主要表现在以下几方面：

1. 语音的不可译性

每种语言都有其独特的语言系统，这是其他语言所无法替代的。英汉两种语言在语音上存在差异，一种语言中的某些语音在另一种语言中没有相对应的语音形式，造成语音的不可译性。汉语是单音节语言，而英语不仅包括单音节还包括双音节和多音节。汉语是声调语言，有四种声调；而英语没有声调，只有语调的升降。在汉语的诗歌、对联中，将其翻译成英文，既要讲究意美和形美，还要追求音美，是极其困难的。

2. 文字特征的不可译性

英语是表音文字，汉语是表意文字，两种语言在文字特征上存在巨大差异，使得两种语言的文字特征不可译。

3. 语法结构的不可译性

汉语属于分析语，没有严格意义上的形态变化；而英语为屈折语，有形态变化。在英汉互译的过程中，在一种语言中使用词汇手段来表达内容，而另一种语言可能使用语法手段来表达。汉语中的时间逻辑顺序是最普遍的语法规则，具有独立的理据。汉语中参照逻辑顺序的规则多于参照语法的规则，而英语普遍参照语法规则。因此，在翻译过程中难以实现对等，这种语法结构的不可译性在复杂句中尤为明显。

4.语言修辞的不可译性

语言正是因为有了修辞手法，才能变得更加生动。在翻译过程中，如果译者不能使用原文的修辞手法，即使语义和风格相似，也会削弱原文的语言表达效果和艺术性。英汉两种语言的社会背景不同，在思维方式、价值取向和审美观念等方面差异较大。因此在表达同一内容时，可能会使用不同的修辞手法，造成语言修辞的不可译。

汉语中常使用叠词的修辞手法。叠词是将两个语音、结构以及语义完全相同的词重叠使用，以提高语言的表达效果，增加语言的形象性。

（三）文化的不可译性

正是由于不同国家都有其独特的社会制度、地理环境、生活方式、风俗习惯等，在翻译过程中就容易导致文化信息的缺失，造成文化的不可译性。造成文化的不可译性主要有以下几方面的原因：

1.物质文化的差异

由于各国的物质文化不同，其发展具有独特性和不均衡性，造成国家之间在物质文化上的差异。这些差异反映到语言中，给翻译带来困难，译者难以寻找到不同文化之间的对等语。

2.地域文化的差异

由于各国的地理环境不同，不同的事物会发展成独特的词语。例如，在处于热带雨林的南美洲，终年炎热多雨。因此，在当地的语言中，不能翻译出四季。如果中国读者对相应的文化背景缺乏了解，则不能够理解源语言的文化内涵。

3.历史文化的差异

由于各国的历史文化不同，一些包含历史文化信息的典故、传说、成语、俗语等，在翻译时，难以完整传递文化信息。

4. 文化词汇的空缺

所谓文化词汇的空缺，是指目的语中缺乏与源语言的表达中所特有文化现象的对等语。以一种语言作为标准，其他语言中都可能存在文化词汇的空缺，导致不可译现象。受中国传统文化的影响，中国人重视家庭伦理关系，形成了具体而复杂的亲属称谓，而西方对亲属的称谓较为简单。另外，英汉文化中特有的事物，也很难找到对应的翻译。

5. 指称词语义转义

一些词语原本用来表达源语言中的某些特定文化内容，但在翻译过程中其原本的指称意义消失发生转义。虽然译者可以使用一定的语言符号来指称这一词语，但却不能在其指称意义上产生原词语的转义。

6. 指称词语义的文化冲突

指称词语义的文化冲突是指词语的语用含义在翻译过程中出现冲突。具体来讲，就是源语言中的某些指称词在目的语中有相应的指称词，但是源语言中的含义与目的语中的含义存在差异，甚至完全相反。

综上所述，语言和文化的差异给翻译造成了许多障碍，而且其中有许多是难以跨越的。但随着各国文化交流的日益密切，翻译中文化的不可译性将朝着可译性的方向发展。译者要深入探讨两种语言的特点，采取恰当的方法来使译文达到与原文的对等，尽可能地传递原文的文化信息，缩小文化差异的影响，让不可译向可译转化。

第六章 中西方文化差异与翻译技巧

翻译是一种跨越时空的语言活动，是"把一种语言已经表达出来的东西用另一种语言准确而完整地重新表达出来"，是"从语义到文体在译入语中用最切近而又最自然的对等语再现源语的信息"。学好翻译既要重视翻译理论的学习，又要加强翻译实践，理论联系实际，这是我们学好翻译的必由之路。

第一节 中西方文化差异与翻译

文化是一种社会现象，是人们长期创造形成的产物，又是一种历史现象，是社会历史的积淀物。确切地说，文化是指一个国家或民族的历史、地理、传统习俗、生活方式、文化艺术、行为规范、思维方式、价值观念等。中西方文化各有各的特点，也在各方面存在差异。

一、思维方式的差异与翻译

英语民族重直线思维，汉语民族重曲线思维。在表达思想时，英语民族喜欢单刀直入、直截了当，自己的意愿往往首先提出，而汉语民族则喜欢拐弯抹角、遮遮掩掩，重头戏往往在后。这种差异常体现在句式结构上，英语多为前重心，头短尾长；汉语则多为后重心，头大尾小。如英语句子"Mr. King had an accident when he was driving to work."将重点"出车祸"放在开头直接交代，汉语则把重点 have an accident 放在后面："金先生在开车上班时出了车祸。"

英语民族重形式逻辑，汉语民族重辩证思维。这种差异在语言上表现为英语重形合，汉语重意合。英语注重运用丰富的语法组合手段（如连接词、词缀、词形变化、指代词、被动语态等）来体现分句之间的依附或从属关系，注重句子形式，注重结构完整，以形显义。而汉语句子不是靠各种语法成分连接在一起，而是靠语义或逻辑捆绑在一起的，主要依赖意义的内在衔接，形成一种隐约的意义脉络，不求形式上的完整，只求达意，以神统形。一个简单的例子便能很好地说明这点：国际快餐业巨头麦当劳那句脍炙人口的广告语"I'm loving it!"在中国被翻译为"我就喜欢！"在英语原句里，作为宾语的"it"必不可少。少了，就是一个错句，就违背了"形合"原则。而汉语译文中与"it"相对应的"它"字必须隐去，以求达意，以神统形。如果翻译为"我就喜欢它"，反倒不符合汉语习惯的表达方法，还可能引起歧义。还有，东方人的观察重心一般落在具体的事物上，由比较抽象的东西来限制、修饰比较具体的东西，而英语文化的观察重心却往往是抽象的。如："Bitterness fed on the man who had made the world laugh."译文："这个曾使全世界发出笑声的人自己却饱尝心酸。"

东西方国家之间，因为思维方式的不同，人们认识事物的出发点不一样，各自语言的表达习惯也不一样。例如，中国人习惯说"四方"为"东西南北"或"东南西北"。英国人却习惯说"four cardinal points：north，south，east and west"。

二、宗教文化差异与翻译

宗教文化是人类文化的一个重要组成部分，与宗教信仰有关的习语也大量地出现在英汉语言中。在西方许多国家，特别是在英美国家，人们信奉基督教，相关的习语如"God helps those who help themselves"（上帝帮助自助的人），也有"Go to hell"（下地狱去）这样的诅咒。中国人说"菩萨保佑"，西方人则说"God bless you"（上帝为我们祝福）；中国人说"天知道"，西方人则说"God knows"（上帝才知道）。对于宗教方面的差异，在英汉互译时应进行变通，或替代或释义或注解。例如，"临时抱佛脚"译为"Seek help at the last moment"，而"道高一尺，魔高一丈"译为"The more illumination, the more temptation"。再如，谚语"Merry in Lent, and you will live to repent"（四句斋结婚，悔恨终生）这一说法源于四句斋（Lent）这一宗教节日。节日期间，基督教徒素食苦行，把斋期当作赎罪的神圣日子，因此人们认为斋期会给人带来厄运。具有宗教色彩的cross一词在英语谚语中的用法很多，例如谚语"Every man must bear his own cross"（人人都得背自己的十字架）。又如"The cross on his breast and the devil in his clothes"（十字挂胸前，鬼魅藏心间）。

汉语谚语"一个和尚挑水吃，两个和尚抬水吃，三个和尚没水吃"可用英语中现成的谚语"One boy is a boy; two boys are half a boy; three boys are no boy"来翻译。谈到宗教文化对翻译的影响，最典型的例子莫过于《红楼梦》第六回中成语"谋事在人，成事在天"的不同译法。杨宪益、戴乃迭夫妇将其直译为："Man proposes, Heaven disposes"。因为在佛教文化中，"天"具有主宰万物的威力。而英国汉学家霍克斯（David Hawkes）把它意译为："Man proposes; God disposes"。这两种译文考虑到不同的宗教背景而采用了不同的翻译方法。

另外，在很多英语国家中，基督教的影响甚远，人们的很多生活习惯、思想观念都受它的制约和影响。习语自然也不例外。《圣经》是基督教神论观点的经典之作，其中的一些人物和故事经过长时间的流传，逐步形成了习语，更加生活化地被人们运用到社会活动中；甚至一些经典的短句和词语随着时间而沉淀，被人们广为传颂，直接成为习语。此外，希腊神话、罗马神话和伊索寓言中的故事对于英语文学影响颇深，并且渗透到英语文化的各个领域，为英语习语留下了很多成语典故。由宗教和寓言神话衍生的习语往往具有一定的文化背景和来龙去脉，如关于普罗米修斯（Prometheus）的习语"Promethean fire"

（普罗米修斯之火——生命力），"Promethean unguent"（能令人刀枪不入的神药），以及"make bricks without straw"（做无草之砖——吃力不讨好的事情，根本做不到的事情），这些都是《圣经》留给英语的习语。与之形成对比的是，千百年来，我国受佛教影响很深，很多传说、神话都源于佛教。因此，汉语中有不少成语都与佛教有关，如"借花献佛""五体投地""放下屠刀，立地成佛"。

英国人类学家泰勒（Tylor Edward）在《原始文化》一书中提出了文化的经典定义：文化是一个复杂体，其中包括知识、信仰、艺术、法律、道德、风俗以及其余社会上习得的能力与习惯。人类所创造的一切都属于文化现象，语言属于，习语更属于，它们在发展文化的同时都深受文化各个方面的影响。[①]

三、地域文化差异与翻译

英汉民族在生存地域环境方面存在不小差异，如英国是一个岛国，历史上航海业一度领先世界，而汉民族在亚洲大陆生活繁衍，人们的生活离不开土地。语言承载着不同民族的文化特色和文化信息，因此在英汉互译时需要注意地域文化差异对翻译的影响。

在我国，河水普遍是向东南方向流的，因此才有了"一江春水向东流""请君试问东流水"和"大江东去"的诗句。但在欧洲，由于地形、地势的不同，河流大多向西北方向流入大海。所以中国的古诗"功名富贵若长在，汉水亦应西北流"[②]就应该译成"But it sooner could flow backward to its fountains, than wealth and honor can remain"。

在表达自然现象的语言中，汉语中"节气"的概念在英语中是没有的。常用的《现代汉英词典》中把"雨水"译成"Rain Water"，把"惊蛰"译成"Waking of Insects"，把"清明"译成"Pure and Brightness"，这些名称如不另加解释

---

① 泰勒.原始文化[M].连树声，译.上海：上海文艺出版社，1992.

② 出自李白《江上吟》.

就没有什么意义。但有些"节气"的名称在英语中确实有相对应的词，例如，春分（Spring Equinox），夏至（Summer Solstice），秋分（Autumn Equinox）和冬至（Winter Solstice）。

在中国，人们经常说"从南到北，南来北往"，"南"的方位在说法上常常置前。而英语恰恰相反，英国人从地域文化上来理解汉语中的"从南到北"，汉译英时自然是"from north to south"。还有诸如"西北""西南""东北""东南"之类的方位词语，在英语中也与汉语相反，分别为"northwest""southwest""northeast""southeast"。

就"东风"与"east wind"而言，汉英两种文化里词语所指的意义相同，但内涵截然不同。在中国人的心目中，"东风"象征春天，有"东风报春"之说；而英国的"东风"则是从欧洲大陆北部吹来的，象征"寒冷""令人不愉快"，所以英国人讨厌"东风"。相反，英国地处西半球，报告春天消息的是西风，英国著名诗人雪莱的《西风颂》（Ode to the West Wind）就是对春的讴歌。

在地域文化差异方面，笔者再以一些谚语和习语为例来说明。中国自古以农立国，农业人口多，故不少谚语、习语跟农业有关。相比之下，英国是岛国，英国人喜欢航海，故不少谚语、习语源于航海事业。翻译这些谚语、习语也要根据具体情况采用不同的翻译方法。有些可以用直译法直接翻译，如"to go with the stream"（随波逐流），"still waters run deep"（静水流深），"hoist your sail when the wind is fair"（好风快扬帆），"a small leak will sink a great ship"（小洞不补，要沉大船）。所有的语言中都有比喻。例如，形容花钱大手大脚，英语是"spend money like water"，而汉语是"挥金如土"。英语中有许多关于船和水的习语，在汉语中没有完全对应的习语，如"to rest on ones oars"（暂时歇一歇），"to keep ones head above water"（奋力图存），"to be all at sea"（不知所措）等。可见，英汉两个不同的民族，由于地理环境不同，他们观察事物、反映客观世界的角度和方式并不一致。所以翻译切忌照词典上的词义逐词逐句对译，不合习惯的词会使信息出差错或使读者觉得美中不足。

四、历史典故差异与翻译

英汉两种语言中还有大量由历史事件形成的习语，这些习语结构简单、意义深远，往往是不能单从字面意义去理解和翻译的。汉语中的习语主要来源于浩如烟海的中国经传典籍、寓言故事和神话传说，例如"破釜沉舟"源自《史记·项羽本纪》，"守株待兔""叶公好龙"等源于寓言故事，"夸父逐日""嫦娥奔月"等出自神话传说。这充分体现了中华民族独特的古代文化，很难在英语中找到对等的习语。

英语典故习语多来自《圣经》和希腊、罗马神话，如英语中"cross the Rubicon"（孤注一掷）源于罗马历史故事，"castle in the air"（空中楼阁）源于神话传说，"hang by a thread"（千钧一发）则源于希腊故事。又如"cat's paw"直译为猫爪子，源于《伊索寓言》，用来比喻"被人当作工具使用的人"或"受人愚弄的人"。还如"Achilles' heel"（唯一致命弱点），"meet one's Waterloo"（一败涂地），"a Pandora's box"（潘多拉之盒，灾难、麻烦、祸害的根源）等。

五、文学艺术差异与翻译

文学艺术离不开语言文字，它既源于生活又反映生活。文学作品中某些精彩的词句进入社会普通语言中后由于反复使用即成了习语，或者是某些性格特征鲜明而又具有象征意义的名字会成为社会语言中的习语。

英语中源于作品的此类习语当然也有不少，如"（a）Simon Legree"（既尖酸刻薄，又好吹毛求疵者），"be in Burke"（出身名门，贵族门第），"life is but an empty dream"（人生如梦）等。

六、社会习俗差异与翻译

（一）时间观念差异与翻译

由于英汉文化的差异，两个民族在时间观念上也存在着一定的差异。如英语中的"the latest news"译成中文就不能译为"最后消息"，而只宜译为"最新消息"。类似的例子如"the latest discovery of sth"（最新发现），"the latest development of sth"（最新发展）等。此外，"back"（后）指过去的时间，而用"forward"（前）指未来的时间，因此"look back"是"回顾过去"，而"look forward to"则是"盼望未来"。中国人恰恰相反，如有句古诗"前不见古人，后不见来者"，诗中"前"指过去，"后"指未来。因此，在翻译时稍不注意就会造成误译。又如"可是我们已说到故事的后面去了""故事的后面"不能译成"behind the story"，英文不这么说，英语里表达相同意思的说法和视角与汉语是相反的，"ahead of the story"（把后面的故事提前说了）。因此，这个句子可以译成"But we are getting ahead of the story."译者如果缺乏对英汉民族在时间观念上的差异的深入了解，往往就会导致错译或误译。

（二）数字文化差异与翻译

在社会生活中，人们往往把一些本身不具有任何含义的东西赋予一定的含义。就数字而言，西方人认为13、5是不吉利的数字，它们代表"厄运"，把"周五"称作"black Friday"；而中国人喜欢6，认为"六六大顺"，在安排出行、喜庆之时要选择带6的日期。因此，对于数字的翻译也是值得注意的。在汉语中，数字"三、五、九、百"等在许多时候都不表示具体的数字，而表示"多数"，所以在英汉互译时一定要注意理解汉语中数字的意思，如"三番五次"（again and again/time and time again），"三天两头"（almost everyday），"三令五申"（to have repeatedly issued order and given warnings），"三思而后行"（to look before you leap），"三下五除二（形容做事干脆利索）"（to be obedient in everything)，"万无一失"（Nothing can possibly go wrong），"九死一生"（to have many narrow escapes by the skin of one's teeth）。再从下面的对话取得启示：

——我听说您曾做过编辑？

——那是八百年前的老皇历了。

译为：—I heard that you had been an editor.

—That happened long time ago.

（三）特有概念及习语差异与翻译

在英汉互译时，应更加注意在一种文化中所形成的特殊概念和习语，应保持原味，帮助读者理解。如"端午节那天，人们都要吃粽子"，粽子是中国传统食品，若直接翻译，对于不了解中国传统文化的西方人来说很难理解，应对该句加以解释，应译为：During the Dragon Boat Festival（which fall on the fifth day of the fifth month），it is a common practice to eat Zongzi, which is a rice pudding wrapped up with weed leaves. 对"黔驴技穷"（at one's wits' end），"四面楚歌"（besieged on all sides or utterly isolated）这样的成语，重要的是先理解成语意思，再在英文中找到相应的词或词组。至于习语，也不要望文生义，如"sit at somebody's feel"（拜某人为师），"have a big mouth"（夸夸其谈），"a piece of cake"（小菜一碟），"the kiss of death"（帮倒忙）。

（四）颜色词引申义差异与翻译

颜色词除了表示物体颜色，还具有丰富的文化内涵。黄色在中国古代是皇帝的专用色，是至高无上的，有尊严、崇高的意思。但在英语中"yellow"却与怯弱、妒忌、猜疑、卑鄙等引申义有关，如"yellow belly"（胆小鬼），"be yellow with jealousy"（嫉妒），"yellow streak"（胆怯、怯弱），"a yellow dog"（卑鄙小人），"be too yellow to stand and fight"（太胆怯而不敢奋起迎战），"yellow looks"（尖酸多疑的神情），"yellow journalism"（低级趣味的文字或耸人听闻的报道）。受西方文化的影响，汉语中黄色有时也代表着衰败、堕落、下流，如"黄色书刊"（blue books），"黄色电影"（blue films），"黄色录像"（blue video）。而汉语"黄"这个词的意思在英语中应是"pornographic（色情的），filthy（淫猥的），vulgar（庸俗的），obscene（淫秽的）"等。

紫色在英语中象征王位、显位，王权、地位或荣誉、高贵。英语中有"be born in the purple"（出身王室），"to marry into the purple"（与皇室或贵族联姻），"purple heart"（授予作战受伤军人的紫色勋章），"a purple airway"（皇家专用飞机跑道）。"purple"还用于表示强烈的情感，如"to be purple with anger"（气得脸色发紫），"purple languages"（辛辣的语言）。

红色在英汉两种语言中都表示喜庆与欢乐。在西方国家，人们把圣诞节和其他节假日称为"red-letter days"（喜庆的日子）。"red-letter days"与"to roll out the red carpet for someone"（隆重欢迎某人），"paint the town red"（狂欢痛饮）都说明红色象征着喜庆。在英语中红色还常指负债或亏损，因为当账上和损益表上的净收入是负数时，人们就会用红笔标记，于是便有了"red figure"（赤字），"red ink"（赤字），"in the red"（亏损），"red balance"（赤字差额）等说法。此外，红色还象征着危险、暴力和反动，如"red light"（红灯），"red light district"（红灯区），"red handed"（沾满鲜血的），"red-neck"（反动的）。英语中 red 还可引申为残忍、灾难、气愤、潜在的危险、战争、死亡等，其引申义贬多褒少。"red"也使人联想到暴力和流血，例如"have red hands"（杀人犯），"red ruin"（火灾），"a red battle"（血战），"Red Cross"（红十字），"Red Alert"（空袭警报）。"red"还可以表示警告，如"red light"（红灯），"red card"（红牌）——罚球员下场。

英语中的"red"汉译时还有不与"红"对等的情况，比如"red herring"（不相干的事），"see red"（生气），"in the red"（超支、负债），"red cent"（铜币），"red meat"（瘦肉），"red tape"（官僚作风、官僚文章）。中国古代常用"红颜""红粉"指代面容较好的女子，用"红闺""红楼"指富贵人家女儿的闺阁。而在英语中，颜色"red"没有与"女子"相关的引申义，翻译时不能直译而要意译。"红颜"可译为"a beautiful girl"或"a pretty face"，"红粉"可译为"a gaily dressed girl"，"红闺""红楼"可译成"a lady's room"或"a boudoir"。汉语中的"红糖"在英语中为"brown sugar"，"红茶"为"black tea"，"红榜"为"honor roll"，"红豆"为"love pea"，"红运"为"good luck"等，其中的"红"与"red"没有任何关系。

英语中"white"的引申义表示吉利、清白、善意、正直等。例如，"a white day"（吉日），"a white soul"（纯洁的灵魂），"This is very white of you"（你真诚实），"White-handed"（正直的），"a white witch"（做善事的女巫），"white hope"（被寄予厚望的人或事），"a white lie"（善意的谎言），"a white man"（忠实可靠的人）。"white"还可用于形容心理情感的变化，如"white-hot"（愤怒的），"white feather"（懦弱），"white-faced"（脸色苍白的），"white heat"（事态、情感等高度紧张状态）。汉语中"白"引申为空白、徒然、没价值。如"白费事"（all in vain, a waste of time and energy），"白搭"（no use, no good），"白送"（give away free of charge, for nothing），"白手起家"（to build up from nothing），"白费力气"（to beat in the air）。汉语中的"白"还是反动势力的象征，如"白旗""白色恐怖""白军"等。

黑色在英汉两种语言里都一般指坏人、坏事，如"黑市"（black market），"黑心肠"（black heart），"黑名单"（black list）。英语中"black"也可以表示暗淡的、暗无天日的、毫无希望的、不幸的，如"black future"（前途暗淡），"black dog"（抑郁不开心的人），"black Friday"（不吉利的星期五），"be in someone's black books"（失宠、受贬黜）。还可以表示阴郁的、忧闷的、令人无限悲哀的，如"black in the face"（脸色铁青），"a black voice"（极为低沉的嗓音），"be in a black mood"（情绪低落）。也可以表示极可恶的、坏透的、顽固不化的、不可饶恕的，如"black sheep"（害群之马），"black-hearted"（邪恶的，阴险的），"blackleg"（在赛马场行骗的人），"black humor"（荒唐、病态的幽默）。另外，黑色在英语中还表示盈利，它和红色一样也是记账时所用墨水的颜色。如"black figure""in the black"都表示盈利、赚钱等。汉语中的"黑"常含有反动、邪恶等贬义色彩，如黑幕（inside story of a plot），黑帮（reactionary），黑手（evil backstage manipulator），黑钱（ill-gotten money），黑店（an inn run by brigands），黑心（evil mind），黑话（argot, cant），黑道（dark road），黑货（smuggled goods），黑会（clandestine meeting），黑枪（illegally possessed firearms），黑死病（the plague），以上的"黑"英译时均与"black"无关。

绿色在英语中的寓意十分丰富，褒贬都有，常用来表没有经验、未成熟、幼稚可欺之意，如"green hands"（新手），"be looking green"（看上去很苍白），"green corn"（嫩玉米），"green horn"（新到某地的人，新来的移民，生手、新手，易受骗的人），"green as grass"（无生活经验），"green ass"（没有经验的，乳臭未干的）。"green"还是青春、希望和生命的象征，如"a green old age"（老当益壮），"be in the green"（血气方刚），"keep one's memory green"（长记不忘），"green years"（青春年华），"green trees"（常青树，生命树），"a fresh and green memory"（清新而栩栩如生的回忆）。

"green"还令人联想到大自然和绿色植物，如"green house"（温室），"green sward"（草地），"green belt"（绿带），"green fingers"（园艺能手），"green staff"（蔬菜类），"Green Peace"（绿色和平组织）。绿色在汉语中象征着生命、青春、环保、和平、友善、恬静清新、宁静和谐。如绿油油（fresh green），绿葱葱（green and luxuriant），绿且生（fresh and green），绿化（make green by planting），绿色食品（green food），绿荫（green shade），绿茵（a carpet of green grass），绿茵茵（green verdant），绿莹莹（glittering green）。

蓝色这一颜色词在英语中也有很多种意思，意义也很丰富。它在英语中常用来表示社会地位高、有权势或出身贵族或王族，如"blue blood"（指有贵族血统的人），"blue book"（名人录），"blue ribbon"（头奖，最高荣誉）；另外，"blue"还有"可靠的、忠诚的"的意思，如"blue chip"（蓝筹股，可靠的股票），"true blue"（忠心不二的），这些都体现了"blue"的褒义用法。而"blue box"（蓝盒，即为逃避交付电话费而暗设的一种违章长途通话电子装置），"blue moon"（不是蓝色的月亮，而指很长的时间），这些都可以看作中性用法。blue在贬义用法中通常表示"忧郁""不快"，如"in the blues"（闷闷不乐），"blue Monday"（抑郁的星期一），"feel blue"（感到悲伤），"be blue about future"（对未来悲观），"Her mood is blue"（她情绪低落），"be down with blues"（沮丧不振），"sing the blues"（悲观，垂头丧气）。另外英语中"blue"可引申为不道德、下流和色情等。在比喻色情时，英语中不用"yellow"，而用"blue"，例如"blue movie"（黄色电影），"blue jokes"（下流玩笑），"blue software"（黄色软件），"blue video"（黄色录像）等。在经济词汇中"blue"可以表示不同的意思，如"blue books"（蓝皮书），"blue sky market"（露天市场），"blue collar workers"（从事体力劳动的工人）等。英语中还有很多由"blue"构成的词语，汉译时全无"蓝色"之意。如"blue alert"（空袭警报），"blue chip"（热门股），"blue blood"（出身高贵），"blue-eyed boy"（宠儿），"a blue moon"（千载难逢），"blue coat"（警察），"blue stocking"（才女），"blue-sky"（空想的，不切实际的），"talk a blue streak"（连珠炮似的说），"like a blue streak"（非常快地，很有效地），"into the blue"（无影无踪），"till all is blue"（到极点，无限期地）。

（五）动物的比喻和联想意义差异与翻译

由于社会习俗、文化传统、劳动方式的不同，人们对动物的比喻及联想意义也有很大区别。

狗在汉语文化中是一种卑微的动物，汉语中有"狗仗人势""猪狗不如""狼心狗肺""狐朋狗友"等含有贬义和辱骂性质的成语。在西方国家，人们常把狗看作他们的朋友，甚至把狗看成他们家庭中的一员，常把狗称作 she（她）或 he（他），如"a lucky dog"（幸运儿），"a jolly dog"（快活的人），"a lazy dog"（懒汉），"top dog"（重要人物），"Every dog has his day"（凡人皆有得意时），"He works like a dog"（他工作努力），"Love me, love my dog"（爱屋及乌）。

中国人十分喜爱猫，用"馋猫"来比喻人贪嘴，常有亲昵的成分。而在西方文化中，"猫"被用来比喻"包藏祸心的女人"，如"old cat"（脾气坏的老太婆），"Cats hide their claws"（知人知面不知心）。

在中国，山羊被看作一种老实的动物，如"替罪羊"；而英语里"goat"却含有"色鬼、好色之徒"的意思。杜鹃是报春鸟，令人感到愉快；可英语中的"cuckoo"却是指智力障碍者。

汉语中的"蝴蝶"和"鸳鸯"往往象征着"忠贞的爱情"，由此引起人们许多美好的联想，如"梁山伯与祝英台"在海外就被译为"the butterfly lovers"；可英语中的"mandarin duck"却没有任何意义。

中国人极其推崇龙，把它视为权力、力量和吉祥的象征。汉语中出现了许多含有褒义的成语，如龙飞凤舞（bold cursive calligraphy），龙颜（face of emperor），龙袍（imperial robe），龙腾虎跃（scene of bustling activity）等。在西方，"dragon"所引起的联想是邪恶，认为龙是一种恐怖的动物（英语词典的释义为 mythical monster like reptile），应予以消灭。

牛在我们的心目中是勤劳、坚忍、任劳任怨的动物，汉语中有"牛劲""牛脾气""牛角尖""牛头不对马嘴"等词语，在英语中却很难找到相应的喻体。英国古代主要是马耕农业，牛在英国主要是用来产奶的，因此英语中关于马的俗语有不少，如"as strong as a horse"（力大如牛），"horse doctor"（蹩脚医生），"horse laugh"（纵声大笑），"horse sense"（基本常识），"work for a dead horse"（徒劳无益）等。由于彼此的生产方式不同，在表达同一意思时汉语的"牛"往往和英语的"horse"相对应，如汉语的"吹牛"与英语的"talk horse"相对；汉语的"牛饮"在英语中就是"drink like a horse"；"饭量大如牛"对应英语的"eat like a horse"。两种语言在表达上算得上"殊途同归"了。

在翻译"He is a bear at languages"时，由于在汉语中，与熊有关的词汇蕴含着"窝囊、没本事"等意味，如"瞧他那个熊样儿""真熊"等，会误译为"他没有语言天赋"；而实际上，在英语中，"bear"常指非常强大或有特殊才能的人，因此正确的译法应是"他是个语言天才"。

在中国，人们把猫头鹰看作厄运的象征，把它的叫声与灾难和死亡相联系。民间谚语有"夜猫子（猫头鹰）进宅，无事不来；夜猫子抖搂翅，大小有点事"的说法。在英美文化中，猫头鹰被看作智慧鸟，是"冷静""智慧"的象征；在儿童读物中，猫头鹰的形象是沉着、冷静、严肃和聪明的，习语 As wise as an owl 便充分说明了这一点。

孔雀在汉语中含有褒义，"孔雀开屏"在中国人看来是吉祥的象征；而 peacock 在英语中则含有贬义，主要指骄傲自负、打扮入时、喜欢炫耀自己的人。它并不强调其美丽的一面，而强调它骄傲的一面。英语中还有"the young peacock"（年轻狂妄的家伙），"proud as a peacock"（骄傲如孔雀）等用法。

中国文化中，蝙蝠被认为是"幸福"、"吉祥"和"健康"的象征。因为蝠与福同音，而红蝙蝠更是大吉大利的先兆，因为"红蝠"与"洪福"谐音。但是在英美文化中，蝙蝠却是一种丑陋邪恶的动物，总是把它与罪恶或黑暗势力联系在一起，特别是 vampire hat（吸血蝠），提起来就令人毛骨悚然。因此与蝙蝠有关的词语大多含有贬义，如"as blind as a bat"（有眼无珠），"have bats in the belfry"（异想天开），"crazy as a bat"（精神失常）等。英美人对蝙蝠的联想意义很像我们对猫头鹰的联想意义，又怕它，又讨厌它。

在英美文化中，狮子被认为是百兽之王，其形象是勇敢、凶猛和威严的。英国国王 King Richard，由于勇敢过人，因此被称作 the Lion Heart。英国人以狮子作为自己国家的象征，The British Lion 就是指英国。英语中有许多与 lion 有关的习语，如"play oneself in the lion's mouth"（置身虎穴），"come in like a lion and go out like a lamb"（虎头蛇尾），"like a key in a lion's hide"（狐假虎威），"lion hearted"（勇敢的），"a lion in the way"（拦路虎）等。然而，在中国，由于人们对狮子不熟悉，与狮子地位相当的动物是老虎。汉语中的老虎多具有"勇猛""威武"的含义，如生龙活虎、虎视眈眈、龙争虎斗、虎虎有生气等。汉语中的"拦路虎"，译成英语就是 a lion in the way；汉语的"虎口拔牙"，译成英语则是 bear the lion；汉语说"虎穴"，译成英语就成了 lion's mouth。

由于生产生活方式的不同、地域的不同，动物对人们所起的作用不同，相同的动物在不同的语言环境中所表达的内容也不尽相同，英汉互译时一定要符合双方的语言历史文化，不能只看表面的单词，而忽视了内在的文化含义。

（六）习惯用语差异与翻译

习惯用语是日常交际中经常使用的，在意义上整体化和抽象化了的固定词组，是不可分割的统一体，其整体的意思往往不能从组成惯用语的各个词的原有意思中猜测而得。一般而言，惯用语的各个组成部分不可任意拆开或替换，在特殊情况下某些惯用语，允许做些变动，从而增加其活用性。熟悉和掌握英语的惯用法和搭配会对翻译有所帮助，可以帮助人们改正受本民族语言和文化影响而产生的错误，避免直译或不合习惯的类推，从而提高翻译的质量。如不知"red tape"表示"繁文缛节、文牍主义、官僚作风"的话，那就很有可能直译为"红带子"。

习惯用语是人们经过长时间的使用而提炼出来的固定短语或短句，是人民智慧的结晶。英语和汉语是两种得到了高度发展的语言，因而都拥有大量的习惯用语。它们大都具有鲜明的形象,适宜用来比喻事物,因而往往带有浓厚的民族和地方色彩。习惯用语有的意思明显;有的含蓄,意在言外,可引起丰富的联想;有的可能包含几个意思,必须根据上下文的具体情况来明确它的意义。习惯用语既是语言中的重要修辞手段,其本身也是各种修辞手段的集中表现。不少用语前后对称,音节优美,韵律协调。由于习惯用语具有这些特点,翻译时就应当尽量保持这些特点。译者除了忠实地表达原文习惯用语的意义,还应尽可能保持原语言的形象比喻、丰富联想、修辞效果以及其民族、地方特色等。习惯用语不仅大量出现在文艺作品里,在政治和科学论文中也同样经常碰到。其翻译好坏对整个译文的质量有直接的影响。因此,如何理解习惯用语是翻译中一个极为重要的问题。

习惯用语的英译汉有三种主要方法:直译法、英汉套译和意译法。

直译法,即在不违背译文语言规范以及不引起错误联想的条件下,在译文中保留英语习惯用语的比喻、形象和民族、地方色彩的方法。有时尽管英语习惯用语的比喻、形象对汉语读者来说可能比较生疏,但由于它在一定上下文中具有强烈的政治意义,或有明显的西方民族、地方、历史等色彩,所以也应采用保留原文表达方式的直译法。用这种方法处理习惯用语,把西方习惯用语移植到汉语中来,往往可以丰富译文语言,如"sour grapes"(酸葡萄),"a die-hard"(死硬派),"a gentleman's agreement"(君子协定)。有的英语习惯用语和汉语同义习惯用语在内容和形式上都比较接近,双方不但有相同的意义和修辞色彩,而且有相同或大体相同的形象比喻。在英译汉时,如遇到这种情况,不妨直截了当地套用汉语同义习惯用语。

(1) 英汉语有完全相同的形象比喻,如"to add fuel to the fire"(火上浇油),"to be oil thin ice"(如履薄冰),"walls have ears"(隔墙有耳)。

(2) 英汉语有大体相同的形象比喻,如"to laugh off one's head"(笑掉大牙),"to shed crocodile tears"(猫哭老鼠),"six of one and half a dozen

of the other"（半斤八两）。

如果不可能或没有必要用直译法保留英语习惯用语的表达形式，并且在汉语中也找不到合适的同义习惯用语可供套用，就得用意译法配合上下文把英语习惯用语的含义表达出来，如：

例1：The teenagers don't invite Bob to their parties because he is a wet blanket.

译文：青少年们不邀请鲍勃参加他们的聚会因为他是一个令人扫兴的人。

例2：Among so many well-dressed and cultured people, the country girl felt like a fish out of water.

译文：同这么多穿着体面而又有教养的人在一起，这位乡下姑娘感到很不自在。

（七）谚语差异与翻译

谚语指的是民间流传的简练而固定的语句，常常是用简单通俗的话反映深刻的道理。其特点在于民间流传和含有明晰的哲理性，且都具有一定的教育意义和普遍的认同性，既可以是历史经验的总结、道德规范的倡导，也可以是前车之鉴的教训，例如"A friend in need is a friend indeed"（患难见真情），"Birds of a feather flock together"（物以类聚，人以群分），"Blood is thicker than water"（血浓于水），"Never too old to learn, never too late to turn"（亡羊补牢，为时未晚），"Good for good is natural, good for evil is manly"（以德报德是常理，以德报怨大丈夫），"He laughs best who laughs last"（谁笑到最后，谁笑得最好），"Like father, like son"（有其父必有其子）等。因此，人们常说，谚语是一个民族智慧的结晶。不同民族的谚语既具有一定的共识性，又具有不同程度的差异性。这也是人们在翻译谚语时常常感到困难重重的根本原因之所在。这里主要就英语谚语的汉译探讨几种方法。

1. 直译法

所谓直译，就是在符合译文语言规范的基础上，在不引起错误联想和误解的情况下，保留英语谚语的比喻、形象及民族特色，译出的汉语要有谚语味。一般来说，直译最能保留源语的异国情调及风姿。像下面这些直译过来的英语谚语，早已起到了丰富汉语语言的作用，并且已被我们日常所使用，如：

例1：He laughs best who laughs last.

译文：谁笑到最后，谁笑得最好。

例2：Hear much, speak little.

译文：多听少说。

在英语的比喻结构中，明喻、暗喻和部分换喻可以用直译法，即在不违背译文语言规范以及不引起错误联想的条件下，在译文中保留英语谚语原有的色彩与形象。

2. 英汉同义翻译法

在古老的汉语文化中，有一些在意义上、形象上、表意形式上与英语谚语相同或基本相同的汉语谚语。这是因为，由于各民族之间通过文化交流，一些外来语被汉语吸收和消化，成了汉语语言的一部分。例如，汉语成语"以眼还眼，以牙还牙"的源语就出自《圣经·旧约全书》里的英语谚语"eye for eye, tooth for tooth"，"条条大路通罗马"出自"All roads lead to Rome"等。再者，由于人们在社会生活、劳动实践中对同一事物或现象所产生的相同感受和理解，反映到谚语中便出现了英汉谚语中的"巧合"现象。既然有这种"巧合"，我们就应尽量套用，这样既可忠实地表达原句内涵，又可使译文不失谚语的形式及特性，为读者所接受运用，例如，童愚吐真言（Children and fools tell the truth）；近墨者黑（He that touches pitch shall be defiled）；物莫如新，友莫如故（Everything is good when new, but friends when old）；施恩勿记，受恩勿忘（If you confer a benefit, never remember it, if you receive one, remember it always）。

这就要求译者不仅能够准确无误地理解原文的意思，还要有较深厚的文学功底，掌握一定数量的中、英文谚语，并且能够较熟练地运用这些谚语。因此，这些貌似简单的谚语要求译者的翻译功底达到一定的水平，否则，在翻译的过程中将会困难重重。

英语修辞中的拟人也是一种比喻，拟人（personification）是把人以外的无生命之物或有生命之物当作人来描写，把本来只适用于人的动词、形容词、名词或代词等用于事物，令人感到非人的事物具有人的属性，即把无生命的事物或抽象概念看成有生命的人或物。在翻译时一般可以套用汉语谚语，如：

例1：Industry is the father of success.

译文：勤勉乃成功之父。

例2：Truth is the daughter of time.

译文：真理是时间的女儿。

这类谚语中的抽象概念 failure，industry，necessity，truth 与 success，time 之间被亲属关系（mother，father，daughter）联系起来。运用拟人这一修辞手法，英语谚语中的抽象事物就具有人的五官、四肢的功能，会说会笑、能跑能跳，产生了生动有趣的具体形象。译语同样具有源语的形象和色彩，既注意了语言的艺术性，又兼顾了其民族性。

3. 意译转换法

有时，英语谚语在汉语中无法找到对等的谚语表达，采用直译法又不能表达其真正的含义，就只能根据英语谚语的主要意思进行翻译，这时，源语中的词性、词义、结构等概念性因素难免需要做些调整和引申。这里的意译转换法即指这样的情况。当然，前面对等翻译法在某种意义上说，也是意译转换方法的一种。不同的是，对等翻译法强调了谚语形式和表达效果的对等，而意译转换法侧重谚语本身含义的转换和引申。此外，既然是转换和引申，就包括了词性、词义、结构以及风俗习惯等多方位的变换。例如，英语谚语"A stitch in time saves nine"若译成"小洞不补，大洞吃苦"，则为意译转换；若译成"及时一针省九针",就成为直译法了。又如"Diamond cut diamond"直译为"钻石切割钻石",读者不会明白其中的意思,因此,选用"强中自有强中手"来翻译这个谚语就很贴切而且明白易懂,如:

例1：A drowning man will clutch at a straw.

译文：病急乱投医。

例2：Evil will never said well.

译文：狗嘴里吐不出象牙来。

英语中的换喻也常用这种意译转换法。英语中的换喻,与汉语相对应,我们把它译为"换喻"或者"借代",是指用一种事物的名称来代替另一种事物,这两种事物虽不相类似,但有着不可分离的关系。换喻指某一事物改由属性或与之有密切关系的事物来表示。换喻也叫转喻,即对某一事物不直呼其名,而用另一与之有密切关联的事物来代替它,还有书本称"换喻"为"借代"。换喻的一个重要特征是其有联想意义,这类谚语翻译时既可直译,又可意译,还可以套用汉语谚语,但要加注或加以解释,否则译语读者会因为语言文化的巨大差异而难以理解,无法产生联想。

无论是习惯用语还是谚语,在运用上述三种方法时还必须注意下列各点：

（1）汉语和英语中有许多习惯用语及谚语反映各自的民族或地方色彩,英译汉时一方面应当注意保存这种特色,另一方面应当注意不要用汉语中具有鲜明民族、地方色彩的习惯用语硬套英语的习惯用语,以免把汉语的民族或地方色彩强加到译文中去,以致和原作的上下文形成矛盾。例如,"Two heads are better than one"和汉语习惯用语"三个臭皮匠,胜过诸葛亮"虽然有相同的意义,但在英译汉时不应套用后者,因为诸葛亮是我国的一个历史人物,与原作上下文会形成矛盾。如果把它译为"一人不及两人智"就比较合适,意思既不走样,又可避免因民族色彩所引起的矛盾。

（2）有些带有浓厚民族色彩、地方色彩或具有典故性的英语习惯用语及谚语，译成汉语时必须加注才能交代清楚原义。例如，仅仅把 To carry coals to Newcastle 译为"运煤到纽卡索，多此一举"，还是不够的，因为这里虽然已加上"多此一举"来揭示前半部比喻的含义，但读者对"纽卡索"还是不能理解，必须加注，说明"纽卡索"是美国的一个产煤中心地，运煤到纽卡索是多余的事。

（3）英语习惯用语或谚语常常以缩略的形式出现，如以下几例："Jack of all trades and master of none"（杂而不精的人），可缩略为"Jack of all trades"，含义不变；"If you run after two hares, you will catch neither"（脚踏两头船，必定落空），可缩略为"To run after two hares"，含义也不变；"It's no use crying over spilt milk"（作无益的后悔），可缩略为"To cry over spilt milk"，含义也不变。

译者必须首先熟悉这种英语常用习惯用语并注意其简化现象，才能为英语简化习惯用语的汉译创造条件。

由此可见，在日常翻译教学中，既要帮助学生准确、连贯、清楚地用汉英互相交流，又通过翻译练习提高他们的英语兴趣，拓宽他们的知识面。总之，了解所教学生的文化及语言知识水平，可以帮助教师找到更好的翻译教学方法，有步骤、有计划地引导学生，在大量实践的基础上，使学生能直接、迅速地吸收并掌握知识及方法，提高翻译水平。

第二节　英语翻译常用技巧

翻译的技巧实际就是变通的技巧。源语和译入语差别如此之大，不变通无法进行翻译。于是人们创造了一系列可以帮助译者完成翻译任务的具体方法。这些方法表面上看只是示人以路径的操作技能，但每一个技巧后面都有其存在的语言文化基础。因此，在介绍技巧本身的同时，简洁地提一下每个技巧背后的跨文化语言学的基础是很有裨益的，因为，深入了解这些基础能帮助译者在其他情况下触类旁通，更灵活地使用技巧，甚至能打开思路，创造出新的方法。

那么，怎样的翻译技巧才能事半功倍呢？应该说，不同的人可以从不同的角度讨论技巧问题，但基本上都殊途同归。如果有一些角度新颖，就会给人耳目一新的感觉。北京大学的许渊冲教授套用简单的数学公式描写翻译技巧就是一个很好的例子。现将许渊冲的数学公式介绍如下：

（1）加词 2+1=2（加词不加意）；

（2）减词 2-1=2（减词不减意）；

（3）换词 2+2=3+1（变换符号不变换意思）；

（4）移词 1+2=2+1（前后移位）；

（5）分译 4=2+2（一分为二）；

（6）合译 2+2=4（合二为一）；

（7）深化 1:2=2:4（具体化）；

（8）浅化 2:4=1:2（抽象化）；

（9）等化 2+2=2×2（寻求灵活对等）；

（10）一分为四 4=1+1+1+1（莎士比亚戏剧中的"woe"译成"离合悲欢"）；

（11）合四为一 1+1+1+1=4（鲁迅的"管它冬夏与春秋"译成"I don't care what season it is"）。

在这个公式里，各种各样的翻译手段都用人人皆知的数学公式表达出来，看起来清楚易懂。如我们最常用的加词法用 2+1=2 的公式，表示虽然在译文中加了 1，但实际价值不变，仍然是 2；又如同样常用的切分断句法在公式中用 4=2+2，简明易懂。许渊冲还认为文学翻译应该是 1+1=3，译文甚至可能优于原文。所以，有时用新的角度看老问题会创出新意，展现新成果。

技巧这类变通的手段是为克服跨文化障碍创造出来的。翻译中的障碍大多来自词性、词的语义结构和句法结构等方面的差异。所以，这些技巧和手段的作用点也常常是词性、语义结构、句法结构。常用的技巧种类繁多，但主要包括解包袱法、词性转换法、增减重复法、反面着笔法、分合移位法以及专门针对句型结构的方法，如定语从句的译法、状语从句的译法、被动句的译法等。这些都是用在表达阶段的方法。另外，在理解阶段如何厘清短语中词之间的关系也是至关重要的。

一、解包袱法

词与词之间的关系有时一目了然，如我们说"漂亮的衣服"，谁都知道"漂亮的"和"衣服"之间的修饰关系。英文也是一样，"wonderful books"中两个词修饰与被修饰的关系也很清楚。这是因为中文里的"的"字给了读者明确的指示，说明了形容词和后面名词的关系；同理，英文以"ful"结尾的形容词也是一个标记，指示英文中这两个词之间的关系。但是，不一定每个词语都是这样明显。例如，报纸上一篇文章的题目是《内蒙古大兴绿色食品》，这个"绿色食品"就不一定是绿颜色的食品。再比如，《纽约客》（*New Yorker*）杂志上称美国总统克林顿是 the first black president。克林顿明明是白人怎么会一下子成了黑人？ black 和 president 两个词之间的关系就无法用原来已牢固树立的形容词修饰名词的关系来解读。原来，作者想表示的是克林顿特别重视黑人的利益并与黑人有特别紧密的关系，所以就不能译成"克林顿是第一个黑人总统"，而应加几个字把 black 和 president 之间的语义关系挑明，如"第一个关注黑人权益的总统"等。但加词就比较困难，因为如果解读错误，加词就必错无疑。比如看到 Clinton is the first woman President 这句话后，就想当然地认为这是在说他和女人有婚外关系这类事，但本句实际是美国女权主义者们的观点，认为克林顿在政治上特别注重妇女的利益，能代表妇女说话，与上面的黑人的情况一样。这就说明，加字必须理解正确。

但是，也许是因为加字有一定问题，或者是因为加字太复杂，许多译者有时为了贪图简便，一字不加地照原样搬到中文里的方法也是常常可以见到的，比如 opinion leaders 就译成"意见领袖"，意见和领袖之间的关系根本没有说清楚。到底什么是"意见领袖"？普通读者也许并不能依靠汉语的语言知识和语感弄懂这个词组的意思。但常读时事报刊的人可能没有困难，因为他们已经在大量的阅读中了解到这两个名词已被作为一个整体对待，表示能影响或左右舆论的人。

上面的例子几乎都是名词和名词或形容词和名词的关系。但在实际运用中，各类词之间都有复杂的关系。译者在使用各种翻译技巧前，有必要先将这些缠在一起的关系像解包袱一样解开，然后理顺。这样读者就可以不背这个包袱，这就是所谓的"解包袱法"。但应指出的是，理解时译者必须解开包袱，表达时，我们并不排除"意见领袖"那种译法。下面的例子是解包袱法的重要体现。

例1：We want to buy quality steel.

译文：我们要买高质量的钢材。

分析：本句中 quality 和 steel 之间的关系实际上与形容词和名词的关系类似，而且 quality 中实际有 high 的意思在内。形容词修饰名词我们接触较多，但也常常看到"名词＋名词"这种修饰关系。这时两个词之间的关系就可能会比较复杂，译者有必要根据语境仔细分析，不能千篇一律地用一种关系解释所有名词＋名词的关系。

例2：I am pleased to be here to offer a U.S.business perspective on one of today's great quality challenges: building a high skills/high wage workforce.

译文：我很高兴能来此介绍一下美国商界对当今我们在（员工）素质方面所面临的挑战的看法，这项挑战就是如何建立一支高技术、高薪金的劳动队伍。

分析：本句中的 quality 和 challenges 之间的关系就和上句不一样，quality 实际是 challenges 的范围。如果译者把这个短语译成"质量的挑战"，读者就可能要问，这到底是什么意思？我们有时常看到"香港的挑战"这类表达法，但这是什么意思？是香港对别人挑战，还是香港面临某种挑战？照字面意思看应该是香港对别人构成挑战，不少情况下用这个词组的人实际想表达的却是香港面临挑战。

上面介绍的解包袱法能将紧紧捆在一起的词与词间的语义关系解开，把隐藏的词和词间的连接方式暴露出来，成为在理解阶段译者可以使用的一个法宝。但是，解开的包袱并非一定要照解开时的样子搬到译入语中。也就是说，通过解包袱法分析后的原文可能太具体，因为我们在理解时正是通过加进一些词才将不明确的关系说清楚的，所以我们解开包袱后有时会发现，包袱不解开，译文读者也能理解，于是就决定把包袱重新包起来，照原样放到译入语中，结果我们就有了像"意见领袖"这类的译法。在目前这个追求效率、追求简洁的时代里，这种将包袱原封不动地搬到译入语中的方法也许无法避免。其实不解包袱并非总是没有益处。照原样复原就可以让读者按原文的思路思考，而且在科技等文本中似乎有必要将不解开的整个包袱当成一个符号对待，解释了反而不利于标准化。从更深层的角度来考虑，语言本身就是"暴虐"的，人的思想正是由语言这个媒介被硬性地包装起来的。即便是解开了包袱，也不见得和语言所指的现实一模一样。只要我们用语言，意义就不可避免地要走样，只是程度不同而已。因此，我们应该对"意见领袖"这种译法持保留态度。不过，当原封不动的译法影响读者理解译文时，解开的包袱就不应该重新包起来，加词等变通的手法就不得不用。

二、词性转换法

词性转换（conversion）是最常用的手段。我们学英语时老师总是不停地灌输"词性"这一概念，所以在我们头脑里，名词、动词、形容词、副词、介词、连接词、代词等词类分得清清楚楚。这对学习英语的学生来说，可以说是一个长处，但强调词性概念在翻译时就可能成为翻译的障碍。因为，词性概念都是建立在语言的表层结构上，而恰恰在表层结构上英汉两种语言差别很大。在英语里可以用一个名词表达的概念，汉语也许用一个动词；一个汉语里的副词在英语表达时可能转换成形容词，这类例子比比皆是。词性转换这个手段是以词为对象的变通手段，但其作用所及已不仅仅是词。短语间词与词的关系的调整，句型的转换，都可能要同时用到词性转换法。

词性转换几乎可以在所有词性间进行，如名词转换成动词、动词转换成名词、介词转换成动词、副词转换成动词、名词转换成形容词等，都是常常使用的。请看下面几个例子：

例1：The improbable pregnancy was big news for the woman's family.

译文：她竟然能怀孕，对她的家庭来说可是一大消息。

分析：本句中的名词 pregnancy 转换成了动词"怀孕"，而形容词 improbable 则译成"竟然"，是非常成功的词性转换。

例2：It took a long presidential drive to get them talk again.

译文：只是在总统不顾路途遥远，驱车前往调停后，双方才恢复了对话。

分析：本句是写叙利亚外长和以色列总理访美期间所进行的谈判陷入僵局，美国总统亲自驱车前往调停，使对话恢复。形容词 presidential 只能转换成名词，long 也进行相应转换。另外，动词 talk 也变成了名词。

例3：Wherever you go, there are signs of human presence.

译文：无论你走到哪里，总有人迹存在。

分析：本句英文名词的 presence 在译文中用了动词"存在"表达。

例4：It is already dark, and the chorus of insects and frogs is in full swing.

译文：天已经擦黑，虫鸣蛙噪，一片喧闹。

分析：本句名词词组 chorus of insects and frogs 在译文中变成了动词词组"虫鸣蛙噪，一片喧闹"。

例5：A well-dressed man, who looked and talked like an American, got into the car.

译文：一个穿着讲究的人上了车。他的外表和谈吐都像个美国人。

分析：本句原文中的两个动词 looked and talked 在译文中成了名词词组"外表和谈吐"。

从上面的句子中我们已经发现，在学习英语过程中辛苦建立起来的牢固的词性概念，在翻译时都被译者抛在脑后，不予理睬。这样的做法是可取的，否则翻译出来的中文就会缺乏可读性。

三、增减重复法

（一）增词法

在翻译中，有时译者不得不在原文的基础上略有增减或故意重复某些词。因此，英汉翻译中增词法（amplification），减词或省略法（omission）和重复法（repetition）就使用得异常频繁。不过，增减重复时有一条金科玉律：增词不增意，减词不减意。所以，在译入语中的这种增减重复主要用在两种情况：一是把不清楚的语义用更多的字讲清楚，比如 presidential historian 这个词组译成"总统的历史学家"就不够清楚，用增词法译成"研究总统的历史学家"，语义一下子就清楚了。二是在译入语中用增减重复法调整语言结构，使译文更像地道的译入语，如"For mistakes had been made, bad ones"这句可译成"因为已经犯了错误，很严重的错误"，但还可以通过增词法使这句话中的两部分关系更协调，进而使中文表达更顺畅："因为已经犯了错误，而且是很严重的错误"，加了一个连接词，但实际没有加任何语义信息。下面是一些运用增词法的例子：

例1：Asia's strength of economic management, however, has not been its perfection, but its pragmatism and flexibility.

译文：亚洲经济管理向来不以完美见长，而是以务实和弹性取胜。

分析：英文整句已经含有"见长""取胜"之意，译文是典型的加词不加意。

例2：Peter's admirers believe that his legacy goes beyond such reversals.

译文：彼得的拥护者相信他的影响不会被这些后退的情势抹杀掉。

分析：原文 goes beyond 如从反面思路想，就是"不被抹杀掉"的意思。

例3：She was more royal than the royals.

译文：她比皇家成员更有皇家气质。

分析：本句 royal 一词实际在译文中成了名词，而且是由加词构成的（皇家气质）。英汉翻译时不少表达抽象特质的形容词或名词都可通过加词来更清楚地表达，如 statesmanship 译成"政治家的风度"等。

例4：The heaven being spread with this pallid screen and the earth with the darker vegetation, their meeting-line at the horizon was clearly marked.

译文：天上悬的既是这样灰白的帐幕，地上铺的又是那种最苍郁的灌莽，所以天边远处天地交接的界线，显得清清楚楚。

分析：如同很多汉语的句子不用连接词表示各语言成分间的关系一样，本句的现在分词短语（being spread）和主句的关系在英文中也没有被一个具体的词挑明。这在英文的现在分词或过去分词结构当状语的情况下很明显。翻译时译者往往可以把隐藏的关系用一个词表达出来，如本句译者就加了一个原文根本没有的"所以"。

（二）减词法

减词（有时也称为省略）则恰恰相反，是把原文中有的一些词省略不用。省略或减词基本上是改善汉语行文的手段。英文中有些词在译文中不一定个个都要写出来，写了不能算错，但省略掉会使译文更简洁。英文里的不少代词、连接词在中文表达时省掉才能避免累赘，"他摇着他的头"中的"他的"就可以省略掉。有些情况下，减词也许是因为该词的意思已经融入其他词中，不必再用一个专门的词来表达了。这种减词十分重要，英汉翻译时每个词都不放过的话，译文的可读性就会受到严重影响。下面是几个运用减词法的例子：

例1：When the students finished all the books they had brought, they opened the lunch and ate it.

译文：学生们看完了随身带的书，就打开饭盒吃起来。

分析：代词是经常被省略掉的词，因为如不省略的话就会很累赘。上面这句如果写成"学生们看完了他们随身带着的书，他们就打开饭盒吃起来"，就略显啰唆。

例2：She listened to me with her rounded eyes.

译文：她睁圆着眼睛听着我说话。

分析：本句和上句一样也是省略代词，如果不省就显得啰唆。

例3：As the manager of the performance sits before the curtain on the boards, and looks into the Fair, a feeling of profound melancholy comes over him in his survey of the bustling place.

译文：领班的坐在戏台上幔子前面，对着底下闹哄哄的市场，瞧了半晌，心里不觉悲惨起来。

分析：本句的省略主要是连接词（as, and）。由于英文重形合，语言各成分间的关系往往由词挑明，如本句用as构成从句，修饰主句（a feeling...），而 as 从句里还用一个 and 表示连接关系。这在汉语里都是可以省略的,上面的译文去掉了连接词,效果更佳。

例4:What could marriage mean if we did not feel ourselves capable of love?

译文:连爱都爱不起来,还谈什么婚姻?

分析:本句中的 if 在中译文里被省略了,假设从句在中文里变成了另一种表达法(连……还)。

(三)重复法

重复法是另一个可以使用的翻译手段。作者之所以要重复是因为行文和修辞的要求。本来可以用两个字,却偏偏用四个字,本来可以用一个成语,却偏偏用两个成语。这一类的重复往往是为了"雅"。但有时倒并不是为使用成语之类的"雅"词,而仅仅是为了满足译文行文表达的基本要求,如"You need and deserve admiration"可以译成"你需要并也值得羡慕"。但如果重复 admiration,就会更通顺:"你需要让人羡慕,也值得让人羡慕。"下面是几个运用重复法的例子:

例1:These seemed to call into question the dominance not only of Western power, but of Western ideology.

译文:这一切似乎不仅使人怀疑西方强权的垄断地位,而且也使西方意识形态一统天下的局面受到质疑。

分析:原文一个 dominance 后面接两个 of 短语,为了避免单调,译者将 dominance 在中文里重复,而且不是简单地照原样重复,而是用了两个同义词组("垄断地位"和"一统天下")。

例2:There had been too much publicity about their relationship.

译文:他们的关系已经闹得满城风雨,人人皆知了。

分析:本句中的 publicity 被译者用重复法扩充为"满城风雨,人人皆知"。

其实，用其中一个就完全够了，这类重复法用时要谨慎，用得不当，会有华而不实之嫌。

例3：But Europe held forth the charms of storied and poetical association.

译文：但欧洲也有它的美，欧洲的美更富于历史与诗意的联想。

分析：本句中的 Europe 和 charms 两个词在译文中都重复了。这种重复不是必不可少的，不重复句子照样通顺，但译者可以根据个人的风格并考虑上下文，选择重复法，以求良好的语言效果。

四、反面着笔法

反面着笔（negation）有时也称正说反译或反说正译。其基本概念是原文从一个角度下笔，译文恰恰从相反的角度下笔。采取这个译法时被反面处理的可以是词、短语，甚至是整个句子。有时采用这个译法是没有办法的，因为照原文角度下笔在译文中行不通。因为从正面无法翻译，所以译者掉转方向，从另一个角度下笔便可以解决此问题。但有时采用这种方法却是译者为了行文优美，不用这个反面着笔的方法译文并非行不通。反面着笔的方法在实际翻译中如果用得恰到好处，常常会使译者绝处逢生，是英汉翻译中一个非常有用的技巧。下面我们来看反面着笔法的几个例子：

例1：Yet the process of achieving gender equality is still an ongoing one.

译文：然而争取男女平等的过程仍然是一项未竟之业。

分析：本句 an ongoing one 是指 process 在 on going，译文则把这个 on going 转到人那里，而且是从反面下笔，译成了"未竟"。

例2：You couldn't kill any more.

译文：你已经恶贯满盈了。

分析：原文是"你不能再杀人了"，但译文从另一个角度看，说你"恶贯满盈"。kill 这个概念在译文中被取消，而替换成了杀人的记录（"满盈"）。

例3：I hear everything.

译文：什么都瞒不过我。

分析：本句整句都被译者反过来了。原文中 I 是动作的实施者，everything 是被听到的。但译文主语和宾语（受词）的位置和英文恰恰相反。整句都用反面着笔法处理。

五、分合移位法

（一）切分

切分（division），合并（combination）与移位（shifting）也是翻译最常用的方法。切分与合并的对象可小，也可大。有时原文是一个简单句，但句中的某一个词或短语很难照原样处理，有必要将某一个单独的词拿出来，构成一个单独的从句甚至一个单独的句子，比如"Those Chinese scientists in Silicon Valley are understandably proud of their achievements."这句中的 understandably 就可以拿出来单独处理："这些在硅谷工作的中国科学家们对他们取得的成就感到很自豪。这是可以理解的。"有时切分的单位较大，如将一个长句子一分为二。这时，译者实际在调整翻译单位。下面是几个运用切分法的例子：

例1：And a growing minority of Western intellectuals agreed.

译文：越来越多的西方知识分子当时接受这种看法，虽然从数量上说，他们仍是少数。

分析：原文是一句简单句，其中没有分句存在，但原文中的 growing minority 在中文里不可能照原来的语法结构译。所以译者把两个词拆开，一个放到前面（"越来越"），一个单独另组一个分句（"虽然从数量上说，他们仍是少数"）。

例 2：A naive projection of their past growth rates into the future was likely to greatly overstate their real prospects.

译文：若以过去的增长率来预测未来，会显得考虑欠周，因为那种预测会严重夸大未来的实际增长。

分析：本句中的 naive 只是一个形容词，修饰名词 projection。由于 projection 是一个动作，所以翻译时可以转换成动词。但 naive 如转换成副词则不一定方便。所以译者索性彻底改变了句型，一个简单句分成了两个句子。

例 3：My father was not wrong in judging me too young to manage business of importance.

译文：我父亲认定我太年轻，办不了大事。他算是没说错。

分析：本句原文为一个简单句，但译成中文后成了两个句子。

例 4：The president of the university has watched soaring real-estate prices in Silicon Valley prompt a steady exodus of his staff.

译文：硅谷房地产价格飞涨，结果大学校长眼看着他手下的人都纷纷离去。

分析：本句的基本句型是 The president watched prices prompt exodus，显然是一个简单句。译文则变成了一个包括结果从句的复合句。

（二）合并

和切分相反，有时译者要合并语言成分，因为合在一起更符合中文的习惯，更顺畅。和切分一样，合并的可以是几个词，也可以是分句，甚至是几个句子。将几个句子合起来处理，译者的眼光实际就冲破了句子的限制，是以语段为翻译的取舍单位。合并也是翻译时常常使用的。下面是几个合并的例子：

例 1：The inauguration took place on a bright, cold, and windy day.

译文：就职典礼那天天气晴朗，寒风凛冽。

分析：原文是三个形容词，但译文中却合并成了两个修饰成分。翻译时有些并列的修饰成分如无特殊意义，译者可以考虑合并，只要原文的意思都有包括进去即可。

例2：Thank you for your advice and counsel.

译文：谢谢您的忠告。

分析：本句中两个名词（advice 和 counsel）实际是同一个意思，翻译时可以考虑合并成一个。

例3：Montag shook his head.He looked at a blank wall.The girl's face was there, really quite beautiful in memory: astonishing, in fact.

译文：蒙塔格摇摇头。注目粉墙，他仿佛看见那姑娘的肖像；真奇怪，印在他头脑里的肖像的确很美。

分析：原文一共有三个句子，但译文只有两个句子，英文中的第二句和第三句在翻译时合并成了一句。

例4：This single stick, which you now behold ingloriously lying in that neglected corner, I once knew in a flourishing state in a forest.It was full of sap, full of leaves, and full of boughs.

译文：君不见，眼前这根孤零零、灰溜溜、羞怯怯地躺在壁角里的扫把，往年在森林里它也曾有过汁液旺盛、枝叶繁茂、欣欣向荣的日子。

分析：英文原文一共有两句，但两句都是描写的扫把。所以译者将两句合并成了一句中文。这说明译者取舍翻译单位时不是根据有形的句子，而是根据表面形式背后的意义。

（三）移位

将原文的语言成分前后移位的技巧在翻译中也常用。一般来说，移位最常用在一句之内的语言成分间，如把一个词或短语从前面移到后面，把一个从句从后面移到前面。如果想移动两个句子，那就要从语段的角度找依据。除非有足够理由，一般不主张将数个句子前后移位。

例 1：I knew every spot where a murder or robbery had been committed or a ghost seen.

译文：什么地方发生过盗窃案或者凶杀案，什么地方有鬼魂出现过，我都知道。

分析：本句句首的 I knew 被放到了句子的最后面，完全颠倒了过来。

例 2：A woman infected with HIV may be ostracized or abandoned by her husband if her condition is revealed, even when he is the source of the disease.

译文：即使妇女的 HIV 是被丈夫传染的，病情一旦泄露，还是会遭受冷待或抛弃。

分析：本句最后的分句在译文中放到了最前面，既简洁又清楚。如果仍然放到后面效果就不见得那么好："感染了 HIV 的妇女，如果其病情被泄露出来，可能被丈夫赶走或抛弃，即使她的病情是因丈夫而引起时也是这样。"颠倒法在这里起到了非常好的效果。

六、对"词性转换"的新认识

将动词换成名词，将名词改成介词这类灵活的方法往往可救译者于"危难"，一句翻译不下去的话，一经转换便可解决。这说明，词性本身往往是束缚，翻译时不能死盯着原文的词性。因此，奈达翻译理论的一个核心内容也与突破词性束缚有关。他主张超越词性，在更深（或者说"更高"）的层次，译者能够游刃有余。对这些基本观念，不需要颠覆，因为这些都是翻译实践中经常使用的策略，在理论中有据可循，在实践时也能够得心应手，应该继续作为翻译的技巧加以传授。

但是多年来，强调转换"利"的一面，却很少关注转换"弊"的一面，对于可以转换讲得多，对于不该转换讲得少，甚至可以说基本没讲。所以就必须对转换这类技巧，给予新的解释，赋予新的内容，再提出更完整的技巧"适应证"。文字的意思有时不仅仅靠基本语义表达，一些附加的信息很可能通过语言的其他手段表达出来。换句话说，语义相同但词性不同，传达的信息很可能并不完全一样。有些认知语言学家的研究很值得注意，比如兰盖克（Langacker）就认为，名词、动词、副词、形容词等语言范畴不仅仅有形式属性，也承载意义。兰盖克用下面这两个表达法来解释名词和动词之间的差别：

（1）The Boston bridge collapsed.

（2）The collapse of the Boston Bridge.

就语义来说，这两个表达法说的是一回事，但在认知语言学家的眼里，却有所不同。首先，第一句中的 collapsed 是动词，而由动作表达的事件往往更容易给人一种延续感，好像事件在你眼前展开，你好像看到桥在倒下去，像演电影一样。所以兰盖克认为这种由动作表达的事件是动态的，从观察者的角度说，这个过程是序列扫描（sequential scanning）。再看第二句中的名词 collapse，显然和第一句中的 collapsed 意义完全一样，但名词却给人一种静态的感觉，一个在时间里序列展开的事件被固定成一幅不移动的画面，这种观察，兰盖克把它称为概括扫描（summary scanning）。也就是说，动词更凸显事件的序列关系，呈现时间过程（temporal）；名词则强调其非时间性的一面，它不在你的大脑中促成序列的关系（atemporal）。兰盖克用了另外一对句子说明同一个问题：

（1）Me suffered terribly.

（2）His suffering was terrible.

根据兰盖克的解释，第一句中的动词 suffered 给人动感，是有时间序列的，而第二句中的名词 suffering 则是无序列关系的，静止的，无时间延续。但由于是静止不动的，所以这样的图像更容易给人"物"（thing）的印象。相反，在时间中移动的事件就不能给人"物"的感觉，所以根据心理语言学的观察，名词更容易给人留下印象，因为名词的使用率较高，动词则次之，其他词性也都不如名词容易记忆。其他学者也提供了一个类似的例子：

（1）Lily destroyed the letters secretively.

（2）Her destruction of the letters was secretive.

根据他们的解释，第一句由动词表达，因而呈现的是一个动态的过程，而这个动态过程是以某一特定的方式展开的，这个方式就是由副词 secretively 表达的。相反，第二句则是以静态呈现的，是概括性扫描，destruction 是以"物"这样的身份呈现的，而这个"物"是由形容词 secretive 修饰的。他们也认为，动词经常表达动态，名词则表达静态。根据有关研究者的观点，名词表示物（thing），形容词表示事物的属性，动词表示事物的状态与过程，副词表示过程的属性，介词则表示事物间的关系。而从心理学的角度讲，名词的隐喻力度（metaphoric force）最大，最容易被人记住，而其他词性的词的隐喻力度相对微弱。名词容易被记忆的一个原因是它表示"事物"，而事物较容易在头脑中形成图像，容易被记住。但人们会说，不少名词不是表示物，而是较抽象的动作，比如上面的 collapse 和 suffering，都是由动词变来的名词。所以，这里就牵涉我们对名词化（nominalization）的看法。

所谓名词化，指的是将动词或形容词在不变词形或略变词形的情况下用作名词，如 change 既可用作动词，也可用作名词，investigate 这个动词可以将其名词化成 investigation，所以大多数名词化的过程就是词性转换的过程。尽管牵涉的是抽象的动作，但由动词转换成名词这一名词化的过程仍然使这个词增加了类似"物"（thing-like）的特征。所以当我们说 The collapse of the Boston Bridge 时，尽管这是一个动词，却仍然给人一种静止的"物"像。此外，从文体上说，名词化往往使语域提高，使阅读变得艰难，拉大作者和读者间的距离。

除了动词和名词间的转换，其他词性的转换也有同样的问题，如名词转换成形容词也被认为可能是词的隐喻力度削弱，比如以下的这个例子，"This experience removed any magnetism there was in London"中的 magnetism 就要比"London was less magnetic"中的形容词 magnetic 更有隐喻力度。

那么所有这些对翻译的意义何在呢？心理语言学提醒译者，词性转换虽然不改变语义，却有可能改变读者心里的感受。"波士顿桥倒塌了"和"波士顿桥的倒塌"在读者心理层面上的冲击力度是不同的。"它对我不再有吸引力"和"它不再吸引我了"在心理语言学家眼里也不能画上等号。过去，对于这类句子的差别我们并不是完全熟视无睹的，但却很少从隐喻力度这个心理语言学的角度来观察。其实，提出这个观察点的目的并非建议译者不采用词性转换，而是意在促进译者把阅读原文的过程变得更精准透彻。大多数情况下，即便词性转换确实会造成细微的差别，翻译实践者还是会权衡利弊，最后选择转换。但这并不是说，词性转换和不转换完全一样，这只说明其差别仍然没有达到需要我们放弃转换的地步。但在有些情况下，比如语域非常高的文本的翻译，一些文学作品的翻译，注意这些文本因转换而造成的细微差别，并在翻译中给予关照，甚至放弃词性转换的译法就是应该推荐的。"The basis of this report is his three-year investigation." 到底是翻译成"这个报告的基础是……"还是"这个报告基于……"要考虑的因素很多，现在应该再加上一个心理语言学的因素。有人把"This agreement addresses each of..."翻译成"这个协议设法逐层处理……"将其中的 each layer 转换成了"逐层"，以为这是灵活处理的范例，而一位资深的翻译者却翻译成"这个协议涉及……的每一个层面"，显然后者更准确地反映了原文。

从心理语言学的角度看词性转换，能使我们更准确地把握这一技巧，用起来更加得心应手。

第七章 英汉文化语言差异与等值翻译实践

修辞、习语、典故都是语言的重要组成部分，是文化的瑰宝，具有极深的文化内涵。由于英汉两个民族在历史、文化、宗教、风俗等方面存在一定的差异，因此对两种语言中的修辞、习语和典故进行翻译时应充分考虑文化因素，采用灵活恰当的翻译方法，以提高翻译质量。本章就对英汉文化语言差异与等值翻译进行研究。

第一节 英汉修辞差异与等值翻译

修辞是文化中的一个重要内容，研究英汉文化必然少不了对英汉修辞差异的研究。英汉两种语言在修辞格上表现出许多共同的特征，但是由于社会、文化、历史等的不同，二者在修辞方面也存在一定的差异。这些差异对翻译造成了不小的困难。本节通过介绍英汉比喻、夸张两种修辞格，来研究英汉修辞差异与等值翻译。

一、比喻差异与等值翻译

（一）英语中的比喻

不把要说的事物平淡直白地说出来，而用另外的与它有相似点的事物来表现的修辞方式，称作比喻（figures of comparison）。在英语中，比喻是一种常见且应用广泛的修辞格。比喻是语言的升华，而且极富诗意，因此无论是在各类文学作品中，还是日常口语中，比喻的使用都十分普遍。在写作和口语中使用比喻，可以有效增强语言的生动性、形象性、精练性、鲜明性、具体性和通俗性。

英语中常见的比喻通常分为两类，即明喻和暗喻。

1. 英语明喻

Simile 一词源于拉丁语 similis，相当于英语中的介词 like。《英语百科全书》（*Encyclopedia of English*）给 Simile 下的定义："a direct comparison between two or more unlike things; normally introduced by like or as."

英语中的"明喻"与汉语的"明喻"基本相对应，因此一般译为"明喻"或"直喻"。

它是对两个不同事物的相似点加以对比，用浅显、具体的事物去说明生疏、深奥的事物，使语言表达生动形象，更好地传神达意。

从结构上看，明喻基本上由三个要素构成，即本体（subject 或 tenor），喻体（reference 或 vehicle）和喻词（indicator of resemblance, acknowledging word 或 simile maker）。本体指被比喻的对象，喻体指用来比喻的对象，比喻词用于本体与喻体之间，具有连接介绍的作用。明喻的基本表达方式是："甲像乙"。在英语中，常用的比喻词有 like, as, seem, as if, as though, as...as..., like...to..., as...so, similar to, to bear a resemblance to 等。例如：

例1：Her happiness vanished like the morning dew.

译文：她的幸福像晨露一样消失了。

例2：I wandered lonely as a cloud.

译文：我像一朵浮云独自漫游。

此外，英语明喻的结构中除了上述提到的最常用的比喻词，还有其他表达方式，如用 no...more...than 以及 not any more than 作喻词；with 介词短语结构；

A is to B what C is to D 结构等。

例1：A student can no more obtain knowledge without studying than a farmer can get harvest without plowing.

译文：学生不学习不能得到知识，犹如农民不耕种不能收获一样。

例2：With the quickness of a cat, he climbed up the tree.

译文：他像猫一样敏捷地爬上了树。

例3：The pen is to a writer what the gun is to a fighter.

译文：作家的笔犹如战士的枪。

2. 英语暗喻

Metaphor 一词来自希腊语 metaphorn，意为 a transfer of a meaning（意义的转变）。《韦氏新世界词典》（*Webster's New World Dictionary*）将"暗喻"定义为："a figure of speech containing an implied comparison, in which a word or phrase ordinarily and primarily used of one thing is applied to another."（一种修辞手法，包含隐含的比较，即一个通常主要用于描述一种事物的单词或短语被用于描述另一种事物。）

英语中的"暗喻"与汉语修辞格的"隐喻"或"暗喻"基本对应，它不用比喻词，而是直接把喻体当作本体来描述，其比喻的关系隐含在全句中。所以，从某种程度上来讲，暗喻的修辞效果较明喻更加有力、突出。

暗喻的结构大致分为以下三种类型：

（1）喻体直陈式，就是将本体和喻体说成一件事，认定本体就是喻体。这种方式可有效强化语言表达的逻辑能力。例如：

例1：After the long talk, Jim became the sun in her heart.

译文：那次长谈后，吉姆成了她心中的太阳。

例2：College is a comma of a sentence of life.

译文：大学就是人生长句中的一个逗号。

（2）喻体半隐式，即喻体半隐半现，这一方式中的喻体词一般是由名词转化而来的动词。通过动词对动作或状态的描写，来说明这个名词所具有的喻体的特征。其实这个动词的名词形式就是喻体。例如：

例1：They stormed the speaker with questions.

译文：他们猛烈质问演讲者。

例2：Moonlight flooded the orchard.

译文：月光洒满了果园。

（3）喻体全隐式，就是表面上喻体没有出现，却暗含句中，用适用于喻体的词语来充当喻体。这种类型的比喻形式更为复杂，内涵也更为丰富。例如：

例：The one place not to have dictionaries is in a sitting room or at a dining table.Look the thing up the next morning, but not in the middle of the conversation. Otherwise one will bind the conversation, one will not let it flow freely here and there.

译文：有一个地方不应该带字典，那就是客厅里或餐桌上。你可以次日早晨再查，但不要在说话中去查字典，否则你会把说话捆住了，使它不能自由舒畅。

上例中将"说话中查字典"比作"绳子"（a string），然而 string 并没有直接出现在句子中，而是用描写 string 的词 bind 来代替，充当喻体，达到了形象生动、传神达意的修辞效果。

（二）汉语中的比喻

比喻又称"譬喻"，俗称"打比方"，就是根据心理联想抓住和利用不同事物相似点，用另一事物来描绘所要表现的事物。比喻主要用于描写事物、人物、景物以及说理论事。

汉语中，根据比喻事物与本体事物之间的划分，可以将比喻分为三类：明喻、暗喻和借喻。

1. 汉语明喻

明喻又称"直喻"和"显比"，是指比喻的事物与被比喻的事物同时出现，表明比喻与被比喻的相类似的关系。它具有爽朗、明快的特征，可以使所描述的事物形象化、具体化、浅显化、通俗化。

明喻的本体与喻体之间常用"像""似""若""比""样""同""如""如同""似的""一样""宛若""仿佛""像……一样"等词语做比喻词。明喻的基本形式是：甲（本体）像（喻词）乙（喻体）。例如：

例1：我们去！我们去！孩子们一片声地叫着，不待夫人允许就纷纷上马，敏捷得像猴子一样。

例2：不错，你有天赋，可是天赋就像深藏在岩石底下的宝石，没有艰苦的发掘、精心的雕琢，它自己是不会发出光彩来的。

2. 汉语暗喻

暗喻又称"隐喻"，是比喻的一种。与明喻相比，暗喻的本体与喻体之间的关系更密切。暗喻可分为两种情况：带喻词和不带喻词。例如：

例1：当我在人的密林中分不清南北东西，时间是一个陀螺和一根鞭子。

例2：骆驼，你，沙漠的船，你，生命的山。

3. 汉语借喻

借喻就是本体不出现，用喻体直接替代本体的比喻。借喻是比喻的最高形式，借喻可以省去许多直白的文字，令语言精练简洁、结构紧凑。借喻表现的对象可以是人、物、事，也可以是理、情、意。借喻多用于抒情散文、诗歌以及通俗的口语中。例如：

例1：骤雨过后，珍珠散落，打遍新荷。

例2：这个鬼地方，一阴天，我心里就堵上个大疙瘩！

（三）英汉比喻修辞比较

1. 相同点

英汉比喻修辞的相同点主要体现在以下两个方面：

（1）英汉比喻都用事物比喻事物。用事物比喻事物，即用某种具体的东西来描写另一种东西的形象，并表现出这种形象所显示的品质。

例1：Love is life in its fullness like the cup with its wine.

译文：爱就是满盈的生，正如酒满盈着杯。

例2：他确乎有点像棵树，沉默，而又有生气。

（2）英汉比喻都用事理比喻事理。用事理比喻事理，即用一种事情的道理，来比作另一种事情的道理。在英汉语言中，人们通常在论证时使用这种修辞手段。

例1：She moved her cheek away from his, looked up at him with dark eyes, and he kissed her, and she kissed back, longtime soft kissing, a river of it.

译文：她挪开了脸颊，抬起头来用眼睛望着他。于是他吻她，她回吻他，长长的，无限温柔的吻，如一江流水。

例2：但我以为一切文艺固然是宣传，而一切宣传却并非文艺，这正如一切花皆有色（我将白色也算作色），而凡颜色未必都是花一样。

2. 不同点

英汉比喻的不同点主要体现在：汉语比喻的结构形式比英语的复杂很多，分类也更细致；英语隐喻与汉语中隐喻、借喻和拟物三种修辞格相似，因此英语比喻中的隐喻所涵盖的范围更广泛。

（1）英语中的"暗喻"与汉语隐喻相似。英语隐喻与汉语比喻的格式相同，即本体和喻体同时出现，二者在形式上是相合的。

例：He has an iron will and gold heart.

译文：他有钢铁般的意志和一颗金子般的心。

（2）英语中的暗喻与汉语借喻相似。在这种修辞格中，喻体是象征性的，同时含有一个未言明的本体。它的基本格式是"以乙代甲"。

例1：By the winter of 1942 their resistance to the Nazi tenor had become only a shadow.

译文：到了1942年冬季，他们对纳粹恐怖统治的反抗已经名存实亡了。

例2：Laws（are like cobwebs, they）catch flies but let hornets/wasps go free.

译文：法律像蛛网，只捕苍蝇而放走马蜂。

（3）英语中的暗喻与汉语拟物相似。在汉语中，比拟可分为两种：拟人与拟物。其中，拟人与英语中的 Personification 对应，而拟物是英语中的暗喻的变体形式之一。

例1：Inside, the crimson room bloomed with light.

译文：里面，那红色的房间里灯火辉煌。

例2：Also, he had money in his pocket, and as in the old days when a pay day, he made the money fly.

译文：还有，当他钱袋里有钱的时候，就像过去发薪的日子一样，他挥金如土。

（四）英汉比喻修辞的等值翻译

1. 明喻的翻译方法

（1）直译法

在符合译入语表达习惯的前提下，明喻通常都可采用直译法进行翻译，利用译入语中相应的比喻词来翻译原文中的比喻词，以最大限度地保留原文的特点。

例1：A man can no more fly than a bird can speak.

译文：人不能飞翔，就像鸟不会讲话一样。

例2：Today is fair.Tomorrow may be overcast with clouds.My words are like the stars that never change.

译文：今天天色晴朗，明天又阴云密布。但我的说话却像天空的星辰，永远不变。

例3：Water should be quiet like a mirror so that the small fish and algae couldn't hide it and people could appreciate their reflection in it.And how natural it would be!

译文：水应当是安静的！那可以同镜子一样，小鱼同水藻，没有藏躲的机会，人们可以临流鉴形，这是何等自然呵！

（2）意译法

因英汉语言在诸多方面存在差异，因此有些明喻也不能采用直译进行翻译，这时需要采用意译法。

例1：Records fell like ripe apple on a windy day.

译文：纪录频频被打破。

例2：The enemy's harbor defense is just like Achilles heel.

译文：敌军的海港防御就像阿喀琉斯的脚踵一样——是其唯一致命的弱点。

2.暗喻的翻译方法

（1）直译法

通常情况下，暗喻也都可以采用直译法来翻译。

例1：Some books are to be tasted, others to be swallowed, and some few to be chewed and digested.

译文：一些书浅尝即可，另一些书要囫囵吞下，只有少数的书才值得咀嚼和消化。

例 2：卑鄙是卑鄙者的通行证，高尚是高尚者的墓志铭。

译文：Baseness is a passport for the base, honor an epitaph for the honorable.

（2）意译法

暗喻也不能一味地进行直译，有时也要根据实际情况采用意译法进行翻译，以使译文更符合译入语的习惯。

例 1：Don't show the white feather to the enemy.

译文：不要向敌人示弱。

例 2：He was confused when we nailed him down to his promise.

译文：当我们要他遵守诺言时，他狼狈极了。

例 3：他是个见风使舵的家伙。

译文：He is a weathercock.

二、夸张差异与等值翻译

（一）英语中的夸张

首先来看一些关于 Hyperbole 的定义。

H.W. 福勒（Henry Watson Fowler）认为："the use of exaggerated terms for the sake not of deception, but of emphasis."（用夸大的言辞强调而不是欺骗。）

霍尔曼（C.Hugh Holman）指出："Hyperbole: A figure of speech in which conscious exaggeration is used without the intent of literal persuasion.It may be used to heighten effect, or it may be used to produce comic effects."（一种修辞格，不带任何真正劝说意义的有意识的夸大。用于强调某种效果或产生幽默效果。）

《兰登书屋大学词典》（*The Random House College Dictionary*）（Revised）给出的"夸张"定义为："an extravagant statemanet or figure of speech not intended to be taken literally, as 'to watit an eternity'."[一种夸张的表述或修辞手法，（这种表述）不应该从字面意义上去理解，比如"等了漫长的时间（字面意思是等了一个永恒）"]。

可见，夸张是一种修辞方式，用夸大的言辞来增加语言的表现力，突出某种情感和思想，但这种夸大的言辞并不是欺骗。这种修辞手法可以深刻地表现出作者对事物的鲜明态度，给读者留下深刻的印象，同时有助于揭示事物的特征、本质，强烈地表达出作者的思想感情。例如：

例1：We walked along a road in Cumberland and stooped, because the sky hung so sow.

译文：我们沿着坎伯兰的一条道路行走，佝偻着身子，因为天幕垂得很低。

例2：It was so hot a noon that the leaves had to gasp for breath.

译文：那天中午，天气热得连树上的叶子也在喘气。

根据不同的分类方法，可以将英语中的 Hyperbole 分为不同的类别，如扩大夸张、缩小夸张、超前夸张、直接夸张、间接夸张、可转化类夸张和不可转化类夸张等。

（二）汉语中的夸张

对于夸张的定义，《辞海》给出了这样的解释："辞格之一。运用丰富的想象，扩大事物的特征，把话说得张皇铺饰，以增强表达效果。"

夸张是一种使用十分广泛的修辞格，不仅常用于文学作品中，日常生活中也被广泛使用。夸张可有效突出事物的本质，增强渲染的力量，还能强烈地表现作者对所要表达的人或事情的感情态度，从而激起读者强烈的共鸣，给人以深刻的印象。例如：

千山鸟飞绝，万径人踪灭。

太阳刚一出来，地上已经像下了火。

汉语夸张与英语夸张分类方法基本一致，根据不同的标准，可以分为多种类型，这里不再一一列举。

（三）英汉夸张修辞比较

1. 相同点

英汉两种语言中的夸张还存在着许多相同之处，主要表现在以下几个方面：

（1）英汉夸张都具有言过其实的特点，通常借助言过其实来表现事物的本质，渲染气氛，加深读者的印象。

例1：Hamlet：I love Ophelia, forty thousand brothers could not, with all their quantity of love, make up my sum.

译文：哈姆雷特：我爱奥菲莉亚，纵集四万兄弟之爱，也抵不上我对她的爱情。

例2：他们看见那些受人尊敬的小财东，往往垂着一尺长的涎水。

（2）英汉夸张从本质上来看都没有违反质量准则。夸张在本质上都是符合事实，绝对真实的。

例1：His eloquence would split rocks.

译文：他雄辩的口才能开岩裂石。

上例中的意思在现实中是不可能存在的，但是这位"让顽石裂开"的先生有着绝妙的口才也是不争的事实。

例2：燕山雪花大如席。

上句如果用很平淡的词语表达"燕山雪大"，则不能真实地传达出作者心中真实的、非极言而不能表达的感受。

从上面两个例子可以看出，夸张在本质上没有违反质量准则，因此可以在会话中使用，并使会话可以顺利进行。

2. 不同点

当然，英汉两种语言中的夸张也存在很多不同之处。例如，虽然英语和汉语中都有扩大夸张和缩小夸张，但汉语中使用缩小夸张较英语中更为频繁，而且汉语中有英语中所没有的超前夸张。此外，英语多借用一些构词法进行夸张；而汉语则多通过选词用字来表现夸张。例如：

He limped slowly, with the blood pounding his temples, and a wild incommunicable joy in his heart. "I'm the happiest man in the world." He whispered to himself.

译文：他一瘸一瘸慢走着，血液冲击着太阳穴，心中充满着无以言表的喜悦，一边走一边自言自语道："我是世上最幸福的人。"

上例中，他不可能是世界上最幸福的人，采用夸张的修辞手法，用以表达他当时一种强烈的感受。在英语原文中，夸张是利用了形容词的最高级形式（the happiest），其实并没有比较的意思。读者可以从这种夸张的口气中体会出作者强烈的思想感情。而汉语译文则在"幸福的"这一形容词前加上"最"字来表现夸张。此外，汉语中还可以用其他词语来体现夸张。例如，"绝代佳人""尽人皆知""举世无双"等。

（四）英汉夸张修辞的等值翻译

1. 直译法

英汉两种语言中夸张使用十分普遍，也存在一些相似之处，因此为了更好地保持原文的艺术特点，可采用直译法进行翻译。例如：

例1：We must work to live, and they give us such mean wages that we die.

译文：我们不得不做工来养活自己，可是他们只给我们那么少的工钱，我们简直活不下去。

例2：If you gave me eighty necklaces and eight hundred rings I would also throw them away.What I want is nothing but dignity.

译文：你就是给我八十条项链和八百个戒指，我也不要。我要的是尊严。

例3：为了让兄弟们的肩头担起整个大地，摇醒千万个太阳。

译文：So that our brother's shoulders may lift the earth, arouse millions of suns.

2.意译法

由于英汉夸张的表现手法、夸张用语，以及英汉语言的表达习惯有着很大的差异，因此不能机械照搬原文，有时需要采用意译法对原文进行适当的处理，以使译文通顺易懂，符合译入语的表达习惯。例如：

例1：On Sunday I have a thousand and one things to do.

译文：星期天我有许多事情要做。

例2：He ran down the avenue, making a noise like ten horses at a gallop.

译文：他沿街跑下去，喧闹如万马奔腾。

例3：妈妈对小明说："下次你再不及格，看我不拧断你的脖子！"

译文：Mother said to Xiao Ming, "If you should fail again, I would surely teach you a lesson."

第二节 英汉习语差异与等值翻译

一、英汉习语比较

（一）习语的概念

习语，顾名思义，就是习惯使用而形成的固定语言形式，是指人们通过对社会现象和生活经验的总结而形成的、经久流传下来的固定表达形式。

在人们长期使用语言的过程中，逐渐将短语或短句提炼出来，形成了习语，是语言中的核心和精华。习语是一种富于形象色彩的语言手段，有助于增加语言的美感。英语和汉语都是高度发达的语言，在这两种语言中都存在大量的习语。

（二）习语的分类

习语的种类多种多样，主要包括成语、谚语、俗语、粗俗语、俚语等。

1. 成语

成语是人们在长期实践和认识过程中提炼出的语言结晶。成语的结构一般比较固定，不能随意改动，也不能随意增减成语中的成分。

成语对应的英语单词是 idioms，英语语言中存在很多成语。例如：ins and outs（事情的底细，露出马脚），to lay heads together（大家一起商议问题），the Troy Horse（木马计）等。

汉语中也有大量的成语。汉语中的成语多出自古代经典或名著、历史故事或经过人们的口头流传下来，意思精辟，语言简练。汉语成语以四字格为主，如小题大做、孤掌难鸣、卧薪尝胆、道听途说、老马识途、雪中送炭等。当然，也有不是四字格的成语，如"三个臭皮匠，赛过诸葛亮"。

2. 谚语

所谓谚语，指的是在群众中流传的固定语句，用简单通俗的话反映出深刻的哲理。一般来说，谚语都会集中说明一定的社会生活经验和做人的道理。

谚语在英汉两种语言中都十分常见。例如：

He who hesitates is lost.

机不可失，时不再来。

Bitter pills may have blessed effects.

良药苦口利于病，忠言逆耳利于行。

East or West, home is best.

金窝银窝，不如自家草窝。

3. 俗语

俗语主要是指借助于某种比喻来说明某种道理，比较通俗易懂，经常出现在口语中。英汉语言中均有一定量的俗语。英语中的俗语（colloquialisms），如 to show one's cards（摊牌），round-table conference（圆桌会议），with the tail between the legs（夹着尾巴逃跑）等。汉语中的俗语，如"杀鸡给猴看""脚踩两只船""偷鸡不着蚀把米"等。

4. 粗俗语

粗俗语是人们日常生活中所说的粗话、脏话，常常与人们所禁忌的性、伦理道德和种族歧视等有关。粗俗语对应的英语表达为 four-letter words 或 foul language。粗俗语虽然粗野、庸俗，但是也是每一种语言必不可少的一个组成部分，是人们表达各种情感的常用手段。

粗俗语在英汉两种语言中都十分常见。在英语中，常用的粗俗语有 damn，devil，hell，shit，bullshit，ass hole，piss，cunt 等。

在汉语中，粗俗语往往与人们认为不屑的事物相关。例如，"流氓、鬼、狗、猪、笨猪、蠢猪"等。

5. 俚语

俚语是一种区别于标准语，只在一个地区或者一定范围使用的话语。英汉语言中都存在一定的方言俚语。例如：

Shut your pie hole（嘴）!

Do you have any caner sticks（香烟）?

在汉语中，也有很多俚语，如北京话中的"开瓢儿"（打破头），"撒丫子"（放开脚步跑）。

此外，汉语中的习语还包括歇后语。歇后语是汉语中所特有的。歇后语是指由两个部分组成的一句话,前一部分像谜面,后一部分像谜底,通常只说前一部分,而本意在后一部分。它的结构比较特殊,一般分前后两截,在前半截用具体浅显的比喻来说明后半截一个较为抽象的道理。例如:

哑巴吃黄连——有苦说不出

猪八戒照镜子——里外不是人

泥菩萨过江——自身难保

狗咬吕洞宾——不识好人心

肉包子打狗——有去无回

(三)英汉习语特点比较

1. 民族性

习语与人和人生活的环境息息相关。不同的民族,其所处的地理环境、历史背景、经济生活、风俗习惯、宗教信仰、心理状态、价值观念等方面都存在很大的差异,因此习语的表达形式也各不相同,具有鲜明的民族特色。

在英国近千年的历史中,从古代英语到现代英语发生了巨大的改变,同时通过吸收一些习语,极大地促进了英语词汇的发展。在英语中,较古老的习语多源于伊索寓言、希腊神话、罗马神话或圣经故事;还有一些习语来自一些文学作品,或者 20 世纪中叶发生的历史事件。例如,the touch of Midas 点金术,to wear one's heart on one's sleeve 不掩饰自己的感情,Dunkirk evacuation 敦刻尔克撤退等。

中国有着十分悠久的历史,文化源远流长,语言中出现了大量的习语。这些习语有的来自历史文献、语言故事、神话传说,如"刻舟求剑","老骥伏枥";有的习语与我国历史人物、历史事件有密切的关系,如与春秋战国时期秦赵相争有关的习语有"价值连城""完璧归赵""负荆请罪"等;与楚汉相争有关的习语有"取而代之""四面楚歌""项庄舞剑"等;与"毛遂"有关的习语有"毛遂自荐""脱颖而出";与越王勾践有关的习语有"卧薪尝胆"等。这些习语都打上了深深的民族烙印,如果脱离了民族历史,就让人觉得不知所云。

此外,习语的民族性,还体现在表达同一种意义时,英汉两种语言有不同的表达方式。例如,汉语中的"袖手旁观",英语则是 look on with one's folded arms;汉语中的"无立锥之地",英语说 no room to swing a cat in;汉语中的"一箭双雕",英语则是 a stone kills two birds。在英汉习语互译时,要特别注意这一点。

2. 修辞性

一般而言,通过使用习语,有助于达到某种修辞效果。习语的修辞性主要包括以下两个方面:

习语本身就是修辞手段的运用和体现,具有语言生动、形象、通俗、简练的特点。有时还可以借助声音的节奏和韵律(声音的和谐与圆韵),使表达更加顺口流畅、生动,容易记忆。英语和汉语中有很多这样的例子。例如:

step by step(重复)

as timid as rabbit(比喻)

Many men, many minds.(双声)

First come, first served.(对仗)

鬼头鬼脑(重复)

如鱼得水(比喻)

人多力量大,柴多火焰高(对仗)

起早不慌,种早不忙(韵脚)

习语极富表达力,是语言中不可缺少的因素。作者可以把习语当作修辞手段来运用,以增强语言的活力。习语是经过长时间的使用而提炼出来的短语或短句,是语言中的核心和精华。通过使用习语,可增加语言的美感。

·185·

习语的修辞性作用体现在可以使语言生动形象，极富感染力。试比较并品味下面的英语习语的汉译。

In the country of the blind, the one-eyed man is king.

译文1：瞎子王国，独眼称王。

译文2：山上无老虎，猴子称霸王。

3. 固定性

习语是语言中不规则的、独立的、比较固定的语言因素，其形式和意义相对固定，不能随便改动。否则，习语就失去了意义。

例如，英语中的"to be at liberty"不能改为"to be at freedom"；"Like father, like son"不能改为"Like mother, like daughter"。同样，汉语中的"破釜沉舟"不能改为"破船沉舟"，"南辕北辙"不可改为"东辕西辙"等。

（四）英汉习语来源比较

1. 来自文学作品

英汉两种语言中有很多习语来自文学作品中的历史典故或者名人之言。例如，英语中 wash one's hands of something（洗手不干；与……断绝关系），就源自《圣经》。

再如，scotch the snake（打伤一条蛇），来源于莎士比亚的剧本《麦克佩斯》中的第3幕第2场："We have scotched the snake, not killed it."（我们将蛇打伤，但不把它打死。）现用这条习语比喻"使一些危险的东西不能为害"。

汉语中的习语也有很多出自文学作品。例如，"鬼斧神工"来自《庄子》，"汗马之劳"来自《韩非子》，"老骥伏枥"来自曹操的《步出夏门行》，"鸿鹄之志"来自《吕氏春秋》，"高枕无忧"来自《战国策》等。

2. 来自神话故事

在英语中，大多习语都源自古希腊、古罗马等的神话故事。例如，

Analthea's horn（吉祥之物）源于这样一个神话故事：据说希腊神女 Analthea，是罗马神话中宙斯（Zeus）的保姆。婴儿时，宙斯由神女 Analthea 以羊乳喂养。为了感恩，宙斯敲下一根羊角送给她，并许诺让羊角主人永远丰饶。后来就用 Analthea's horn 比喻"吉祥之物"。再如，Mercury fig 与这样一个传说有关：据说罗马人把无花果树上结出的第一批果实送给墨丘利（Mercury），现用这条习语比喻"获得的第一批成果"。

汉语的神话故事源远流长，反映了丰富多彩的汉文化，也反映了历代劳动人民认识世界、改造世界的生活经历与丰富的想象力。汉语中，也有一些习语来自神话故事，如"女娲补天""开天辟地""精卫填海""嫦娥奔月""一枕黄粱"等。

3. 来自历史事件

英汉语中均有一些习语是由历史上的著名事件演变而来的。

英语中来自历史事件的习语有的是反映了过去的战争方式或状况，有的是描述历史上一些宗教事件或猎人骑士的冒险经历。例如，sword of Damocles 来自这样一则古代希腊的历史事件：公元前 4 世纪，在西西里岛上的统治者狄奥尼修斯一世有个亲信叫达摩克里斯，他十分羡慕帝王的豪华生活。狄奥尼修斯为了教训这个人，在一次宴会上，要他坐在国王的宝座上，当他猛然抬头，只见头顶上有一把用头发悬着的宝剑，随时都有刺到头顶的危险。他吓得战战兢兢，时刻提心吊胆。后来，就用 sword of Damocles 这一成语来比喻临头的危险或情况的危急。再如，meet one's Waterloo（惨遭失败），Dunkirk evacuation（敦刻尔克撤退，溃退），Colombus's egg（万事开头难）等。

汉语中来自历史事件的习语大多与列国帝王将相之间的争权夺利有关，如"鸿门宴""卧薪尝胆""四面楚歌""杞人忧天""完璧归赵"等。

4. 来自行业用语

自从社会分工以来，人们所从事的职业千差万别，并逐渐把各个行业有关的用语应用于生活之中。英汉两种语言中有很多习语来自不同的行业，特别是发展最早的农业和工业，包括手工业，还有商业等。

由于英国是个岛国，农业耕作不是主要生活方式，因此其与农业耕种相关的习语不多。例如，As cool as cucumber（泰然自若），As a man sows, so he shall reap（种瓜得瓜，种豆得豆），break ground（开垦，破土动工）。而汉语中有大量的习语来自农业，这是因为中国自古就是一个农业大国，以农耕为主。这类习语有"根深蒂固""男耕女织""桃李满天下""不耕不种""前人栽树，后人乘凉"等。

此外，英语和汉语中有一部分习语还跟工业、餐饮业有关。例如：

A square peg in a round hole.

文不对题；不得其所。

Between the hammer and the anvil.

腹背受敌。

A little pot is easy hot.

壶小易热，量小易怒。

Out of the frying-pan into the fire.

才出狼窝，又落虎口。

班门弄斧

得寸进尺

姜还是老的辣

酒香不怕巷子深

5. 来自家庭生活

中西的家庭概念存在很大的差异。中国人有极强的宗族意识与家庭观念，老幼尊卑，忠孝悌信，是公认的信条。因此，汉语中也出现了很多反映汉民族关于生老病死、婚嫁养育的思想观念的习语，如"三姑六婆""家书抵万金""门当户对""男大当婚，女大当嫁""清官难断家务事""父母在，不远游"等。

与汉语相比，英语中与家庭生活相关的习语数量比较小。例如：

smell of the baby 乳臭未干

John Thomson's man 怕老婆的人

East or west, home is the best.

行遍天下路，还是在家好。

当然，习语的来源还涉及其他方面，这里不再一一赘述。

二、英汉习语的等值翻译

在翻译习语时，译者既要把原文的语言意义忠实地传达出来，又要把原文的文化内涵准确地表达出来，使读者能获得与原文相同的感受。因此，翻译习语时要求做到两个方面：一是求其易解，二是保持原作的风格。

翻译习语时，主要可采取以下几种翻译方法：

（一）直译法

直译法是指在符合译文语言规范的基础上，在不引起错误的联想或误解的前提下，保留习语的比喻、形象以及民族色彩的方法。英汉两个民族在感情、在对客观事物的感受及社会经历等方面存在一定的相似之处，因此两种语言有少量相同或近似的习语，这些习语字面意义和形象意义相同或近似，所传达出的文化信息也是基本一致的，这时可采用直译法进行互译。例如：

All roads lead to Rome.

条条大路通罗马。

An eye for an eye, a tooth for a tooth.

以眼还眼，以牙还牙。

Blood is thicker than water.

血浓于水。

秋风扫落叶。

Like the autumn wind sweeping away the fallen leaves.

跑得了和尚，跑不了庙。

The monk may run away, but the temple can't run away with him.

少壮不努力，老大徒伤悲。

One who does not work hard in youth will grieve in vain in old age.

（二）意译法

有些习语由于文化因素的影响，在翻译时无法保留源语的字面意义和形象意义，如果直译影响理解，就得改用意译。可将原文的形象更换成另一个读者所熟悉的形象，从而传达出原文的语用目的，译出其中隐含的意义。例如：

cost an arm and a leg 非常昂贵

born with a silver spoon 生长在富贵之家

When in Rome, do as the Romans do 入乡随俗

羊肠小道 narrow winding trail

赔了夫人又折兵 suffer a double loss instead of making a gain

杀鸡给猴看 make an example of a few to frighten all the rest

（三）套译法

由于英汉语言、文化背景等都存在很大的差异，在翻译习语时，有时无法保留源语中的比喻形象，需要转换为译语中读者所熟悉的形象。这时我们采用的就是归化翻译法，也就是用目的语里的同义习语去套译源语中的习语，尽管套译中的形象不同，但其喻义相似，使译文能与原文做到意义上的对等。例如：

Roman is not built in one day.

冰冻三尺,非一日之寒。

Fools rush in where angles fear to tread.

初生牛犊不怕虎。

Beauty is in the eye of the beholder.

情人眼里出西施。

说曹操,曹操到。

Talk of the devil and he is sure to appear.

周瑜打黄盖,愿打愿挨。

The punishment is skillfully given by one side, and gladly accepted by the other.

巧妇难为无米之炊。

Even the cleverest housewife can't make bread without flour.

(四)直译意译结合法

有些习语翻译,不便于采用上述方法,可以采用直译与意译结合的方法来处理,把原文中通过直译可以明确传达其意义的部分直译出来,而不便直译的部分则意译出来,这样既准确传达了原义,又符合译语的表达习惯,易于理解。例如:

Caution is the parent of safety.

谨慎为安全之本。

A little pot is soon hot.

壶小易热,量小易怒。

守株待兔 to wait for windfalls

风餐露宿 brave the wind and dew

第三节 英汉典故差异与等值翻译

一、英汉典故比较

（一）典故的概念

邓炎昌和刘润清合著的《语言与文化》中指出："几乎所有的人在说话和写作时都引用历史、传说、文学或宗教中的人物或事件。这些人物或事件就是典故。"[①]

《现代汉语词典》给"典故"下的定义为"诗文中引用的古代故事和有历史出处的词语"。[②]

概括起来，凡在口头语和书面语中引用的古代故事、历史人物、历史事件和有历史出处的词语都属于典故。

一般而言，典故具有十分丰富的内容和浓厚的民族色彩，它是人们在对世界的认知过程中形成的一种语言形式，与特定的历史文化语境有着十分紧密的关系。不同文化背景下的人们，其思想观念、道德意识、价值取向、思维方式等都可以从典故中反映出来。

（二）英汉典故结构比较

英语中的典故结构一般较为灵活，字数可长可短，长的可以由几个单词或更多单词组成句子，如"One boy is a boy, two boys half a boy; three boys no boy."（一个和尚挑水吃，两个和尚抬水吃，三个和尚没水吃。）；短的只有

[①] 邓炎昌，刘润清.语言与文化：英汉语言文化对比[M].北京：外语教学与研究出版社，1989.

[②] 中国社会科学院语言研究所词典编辑室.现代汉语词典[M].北京：外语教学与研究出版社，2002.

一个单词，如 Watergate（水门事件），Eden（伊甸园）。此外，英语中的典故往往可以独立成句，如莎士比亚作品中许多源自《圣经》的典故通常都是独立成句的。

汉语中，典故的语言形式往往具有用词简练、结构紧凑的特点，以词组性短语为主，也有少量的对偶性短句。典故演变为成语时，四字结构较多，很少有字数较多或单独成句的情况。此外，汉语中有相当一部分典故是名词性词组，它们在句子中可以作为一定的句子成分。

（三）英汉典故来源比较

1. 来自文学作品

在英语中，有相当一部分典故出自一些著名作家的作品，如莎士比亚（Shakepeare），狄更斯（Dickens）等。例如，罗密欧（Romeo）是莎士比亚戏剧《罗密欧与朱丽叶》中的男主人公，指英俊、多情、潇洒，对女人有一套的青年。Cleopatra（克娄巴特拉）是莎士比亚戏剧《安东尼和克娄巴特拉》中的人物，指绝代佳人。再如《奥德赛》与《伊利亚特》合称为希腊的两大史诗，相传为荷马所作。《奥德赛》描述了希腊神话英雄奥德赛在特洛伊战争中以"特洛伊木马"攻破特洛伊城后，在海上漂流10年，战胜独眼巨神，制服了女巫，经历了种种艰险，终于回到了自己的国家，夫妻团圆。后来，用Odyssey一词喻指"磨难重重的旅程"或"艰难的历程"。

汉语中也有很多典故是出自文学作品中的事件或人物，如"罄竹难书"出自《吕氏春秋·明理》，"锦囊妙计""三顾茅庐""过五关斩六将"等出自《三国演义》，"像刘姥姥进了大观园"出自《红楼梦》，"猪八戒倒打一耙"出自《西游记》等。

2. 来自历史故事

英汉两种语言中具有大量的基于历史事件的典故。

英语中，one's hair stands on end 这一成语被很多人认为是汉语中的"怒发冲冠"的意思，这是不正确的。据说，该成语最初是用以描述一个犯人的表情。1825 年，英国一个名叫普·罗波特（Robert）的偷马贼被处以死刑。目击他上绞刑架的人说，犯人由于恐惧而毛发竖立。因此，make one's hair stand on end 与汉语中的"令人毛骨悚然"意思相同。再如，"I came, I saw, I conquered."来源于这样一则历史故事：古罗马时期，恺撒（Caesar）与庞培（Pompeius Magnus）是政敌，庞培和元老院对权势日盛的恺撒存有戒心，就密谋撤销了他的高卢总督职务，恺撒和庞培后来兵戎相见。打败庞培时，恺撒自豪地说道："I came, I saw, I conquered."用以表达他当时胜利后喜悦的心情，后成为语言精练的典范。

汉语中，出自历史故事与神话传说的典故也十分常见。例如，"刻舟求剑""八仙过海，各显神通"等。其中，有些典故表达了人们对历史的看法和评价，具有一定的社会认识价值，如"助纣为虐""殷鉴不远"等；有些典故本身就是对历史事件进行的概括，如"口蜜腹剑""负荆请罪"等。

3. 来自神话传说

英语中存在很多源于神话故事的典故。例如，Achille's heel（阿喀琉斯之踵）出自古希腊神话，用来比喻一个人或一个国家存在的致命弱点。再如，Prometheus（普罗米修斯之火）出自希腊神话，现借喻赋予生命活力所不可缺少的条件，还可以用来指赞颂为崇高理想而燃起的心灵之火。

中华民族不仅历史悠久，而且还具有源远流长的神话传说。汉语中的"点铁成金"来源于古代神仙故事，说的是仙人用法术可以使铁变成金子，《列仙传》就谈到许逊能点石成金。后来用"点铁成金"比喻把不好的诗文改好。同类的典故还有"愚公移山""夸父追日"等。

4. 来自风俗习惯

风俗习惯乃社会上长期形成的风尚、礼节。习惯的总和便构成了民间的风俗，它是社会文化的重要组成部分，是促使语言不断丰富和发展的源泉，也是典故产生的来源之一。

在英国文化中，人们习惯于用"打"来做计算单位，因此便有了 six of one and half a dozen of the other，与汉语中的"半斤八两"的意思相同。

汉语中，"各人自扫门前雪，休管他人瓦上霜"这一典故与中国人的生活习惯有关。在冬天下雪的时候，各家各户为了行走方便，各自清扫自己庭院中或门前的积雪。现在用该典故指各自为政，只考虑自己的利益而不顾他人或集体利益的行为。

5. 来自宗教

英语国家的主要宗教是基督教，因此，很多典故出自基督教《圣经》的人物和事件。据统计，《圣经》中仅收入词典的典故就达七百多条。例如，Solomon（所罗门）出自《圣经》的传说，用于比喻非凡的智慧。

汉语的典故大多与佛教有关，如"不看僧面看佛面""急来抱佛脚""拣佛烧香""人不为己，天诛地灭"等。

6. 来自地名、人名、动植物等名称

英语中，出自地名的典故有 carry the coal to New castle（多此一举），Watergate（水门事件）等；出自人名的有 be in Burke（处境良好）；出自动物的有 shed crocodile tears（假慈悲），a black sheep（害群之马）等；出自植物的有 the apple of the eye（掌上明珠），paint the lily（画蛇添足）等。

汉语中，出自地名的典故有"不到长城非好汉"等；出自人名的有"司马昭之心，路人皆知""说曹操，曹操到""东施效颦"等；出自动物的典故有"谈虎色变""万马齐喑""画龙点睛"等；出自植物的典故有"草木皆兵""鸟语花香"等。

(四)英汉典故的民族特色

英汉民族在历史演变、生态环境、宗教信仰、风俗习惯等方面存在很大的差别，因此英汉两种语言具有十分鲜明的民族文化特色。典故是民族文化的一个缩影，其民族文化色彩突出地体现在典故喻体的采用和设喻形式上。

英汉两种语言中有些典故的喻义相同或相近，但所采用完全不同的喻体或设喻形式。例如，英语中的 stretch on the Procrustean bed，来源于希腊神话：相传普罗克鲁斯（Procrustes）是雅典一大盗，经常把俘虏绑在一张铁床上，如果身比床长，便斩其脚，如没有床长，便硬将其身子拉长。该成语指的是"强求一致""不合理地要求按照同一标准办事""不合理地迁就现成条件"。与 stretch on the Procrustean bed 相对应的汉语成语是"削足适履"，汉语中的"削足适履"出自《淮南子·说林训》："骨肉相爱，谗贼间之，而父子相危。夫所以养而害其所养，譬犹削足而适履，杀头而便冠。"后来用"削足适履"比喻勉强求合或不合理迁就现成的条件。英语和汉语中的这两个成语喻义相同，且生动形象，但都具有十分鲜明的民族特色，具有不同的联想意义。

再如，英语中的 paint the lily 与汉语中的"画蛇添足"。在西方人看来，百合花象征着"清白""贞洁"，洁净素雅，高贵美丽。如果再为百合花饰粉抹彩，就破坏了原有的雅致，很显然是多此一举。而在中国文化中，蛇是没有脚的，画蛇添足反而使蛇不能称为"蛇"。这两个典故虽然来源各异，但其喻义都是"多此一举"，可谓有异曲同工之妙，但同时二者又极富民族特色。

二、英汉典故的等值翻译

英汉典故的翻译应考虑文化这一重要因素，理解典故的历史文化背景和丰富的内涵，注意两种文化之间的差异，使用灵活的翻译方法，充分传达出源语典故中包含的文化信息。

（一）直译法

对于典故的翻译，采用直译法可以保留原有的形象特征，有利于体现源语典故的民族特色。例如：

Mr.Vargas Llosa has asked the government "not to be the Trojan horse that allow the idealism into Peru".

凡格斯·珞萨王请求政府"不要充当把理想主义的思潮引入秘鲁的特洛伊木马"。

译文将Trojan horse直译为"特洛伊木马"，这是因为读者比较熟悉这一典故。该典故源自希腊的一则传说：古希腊人攻打特洛伊城时，把精兵伏于木马内，诱使特洛伊人将木马放入城中，夜间伏兵跳出，里应外合，攻下此城。后来常用"特洛伊木马"比喻"内部颠覆者；内部颠覆集团；起内部破坏作用的因素"。

They were only crying crocodile tears at the old man's funeral because nobody had really liked him.

在老头子的葬礼上，他们只不过挤了几滴鳄鱼的眼泪，因为在他生前，没人真正喜欢他。

只因薛蟠天性是个"得陇望蜀"的，如今得娶了金桂，又见金桂的丫鬟宝蟾有三分姿色，举止轻浮可爱，便时常要茶要水的故意撩逗他。

（曹雪芹《红楼梦》第八十回）

Now Xue Pan was a living example of the saying "To covet the land of Shu after getting the region of Long." After marrying Jingui, he was struck by her maid Baochan's charms. As she seemed approachable as well as alluring, he often flirted with her when asking her to fetch tea or water.（杨宪益、戴乃迭译）

"得陇望蜀"出自《后汉书·岑彭传》："人苦不知足，既平陇，复望蜀"，意思是：既取得了陇地，又想进攻蜀地。后来用"得陇望蜀"来表示人的贪得无厌。作者采用直译，再加上原文"得陇望蜀"后面的那些话，前后呼应，浑然一体，生动形象，易于理解。

再如：

路遥知马力，日久见人心。

As distance tests a horse's strength, so time reveals a person's heart.

城门失火，殃及池鱼。

When the city gate catches fire, the fish in the moat suffer.

（二）意译法

由于英汉文化的差异，有些典故在翻译时无法保留源语的字面意义和形象意义，不便采用直译，这时需要意译。用意译法翻译，可以将典故的文化内涵传递出来。例如：

Smith often Uncle Tommed his boss.

史密斯常对老板阿谀奉承。

原文中的 Uncle Tom（汤姆叔叔）是斯陀夫人（Harriet Beacher Stowe）的小说《汤姆叔叔的小屋》（*Uncle Tom's Cabin*）中的主人公，最初用来喻指"逆来顺受的黑人""对白人卑躬屈节的人"。后来，Uncle Tom 转化为动词，有"逆来顺受""阿谀奉承"之意。因此，这里需要采用意译法进行翻译。

Sometimes a person who presents himself as kind and gentle can in private turn out to be a dragon, who breathes fire.

有时，某人在公开场合显得和蔼可亲、温文尔雅，而在私下里却像个凶神恶煞。

由于英汉民族对于"龙"（dragon）的理解不同，汉语中的"龙"是吉祥威猛的动物，而英语中的 dragon 却指的是"喷火的怪兽"，是邪恶的象征。因此，在翻译时，要采用意译法。

It was another one of those Catch-22 situations, you're damned if you do and you're damned if you don't.

这真是又一个左右为难的尴尬局面，做也倒霉，不做也倒霉。

原文的典故来自美国小说《第 22 条军规》（*Catch-22*）。该规规定：飞行员如觉得自己神经不正常可以不执行飞行任务，但必须提出申请并经批准。显然，这条规则是矛盾的，因此 Catch-22 喻指"无法摆脱的困境或两难的境地"。如果不知道该典故的来源，是不能理解其喻义的，因此需要意译。

先生大名，如雷贯耳。小弟献丑，这是弄斧班门了。

（吴敬梓《儒林外史》第二十八回）

Your great fame long since reached my ears like thunder. I am ashamed to display my incompetence before a connoisseur like yourself.

再如：

悬梁刺股 be extremely hard-working in one's study

罄竹难书（of crimes）too many to record

初出茅庐 at the beginning of one's career/young and inexperienced

（三）套译法

有些英汉典故在各自语言中可以找到与之对等的典故、成语或俗语，两者在意义、形象或风格上大致相同或相似，翻译时就可采取套译法，以使译文读者获得与源语典故相同的文化信息。例如：

Among the blind the one-eyed man is king.

山中无老虎，猴子称霸王。

Like father, like son.

有其父，必有其子。

There is no smoke without a fire.

无风不起浪。

竭泽而渔 kill the goose that lays the golden eggs

过河拆桥 kick down the ladder

船到桥头自然直。

You will cross the bridge when you come to it.

需要注意的是，典故的互相套用是有条件的，不能随意使用。在翻译时，即使是一组意思相近的汉语和英语成语，还要考虑二者的确切含义和感情色彩等差异。

（四）加注法

在对典故进行翻译时，有时在译文中保留了原文的典故形象，但由于英汉之间的文化差异，读者难以理解典故的含义，这时可以采用加注法加以说明，以使读者更好地理解原文的意思。例如：

I am as poor as Job, my lord, but not so patient.

译文：我是像约伯一样的穷人，大人，可是却没有他那样的好耐性。

注：约伯，以忍耐贫穷著称的基督教圣徒。

"那哪能知道！他们一东一伙，都是看透《三国志》的人。要我说，那一耳刮子，也是周瑜打黄盖，一个愿打，一个愿挨的。"（周立波《暴风骤雨》）

译文："Hard to say.The two of them aye hand in glove, and they've both read the Romance of the three Kingdoms.I should say that box on the ear was skillfully given by a Chou Yu and gladly taken by a Huang Kai."

注：A fourteenth-century novel based on events which took place in the third century A.D.Chou Yu of the Kingdom of Wu had Huang Kai, another Wu general, cruelly beaten, and then vsent him to the enemy camp in order to deceive the enemy.

参考文献

[1] 朱振武. 非洲英语文学研究 [M]. 上海：华东理工大学出版社，2019.

[2] 王大伟. 现代汉英翻译技巧 [M]. 上海：上海世界图书出版公司，1999.

[3] 司显柱. 英汉翻译教程 [M]. 上海：东华大学出版社，2019.

[4] 李智愚，吴晓云. 翻译与文化 [M]. 武汉：湖北科学技术出版社，2010.

[5] 李梦，龚晓斌. 格式塔理论视角下散文翻译中的意象再现研究 [M]. 苏州：苏州大学出版社，2019.

[6] 王宏印. 英汉翻译高级教程 [M]. 大连：大连海事大学出版社，2010.

[7] 国伟秋. 大学英语语音教学理论与实践 [M]. 长春：吉林出版集团有限责任公司，2009.

[8] 丁睿. 大学英语教学发展研究 [M]. 长春：吉林人民出版社，2019.

[9] 吴新祥，李宏安. 等值翻译论 [M]. 南昌：江西教育出版社，1990.

[10] 曾剑平，况新华. 翻译技巧与研究 [M]. 北京：航空工业出版社，2002.

[11] 徐莹. 基于中西方文化差异的英语翻译理论及技巧：评《现代英语翻译理论与实践研究》[J]. 社会科学家，2021（9）：11.

[12] 刘泽林. 现代英语翻译理论与教学方法研究：评《英语翻译理论的多维度阐释及其应用探索》[J]. 外语电化教学，2021（3）：121.

[13] 戴静. 评《现代英语翻译理论与教学实践探究》[J]. 高教发展与评估，2016（1）：127.

[14] 杨爱霞. 农业英语翻译理论及实践研究：评《现代农业英语多元化发展研究》[J]. 灌溉排水学报，2022（8）：148-149.

[15] 沈凌波，焦丹. 从功能对等理论看现代汉语寒暄语的英语翻译 [J]. 洛阳师范学院学报，2020（4）：73-75.

[16] 黄颖. 现代翻译理论与大学英语教学方法研究 [J]. 中国科技经济新闻数据库（教育），2022（5）：92-95.

[17] 曾腾飞. 功能对等理论视角下的现代商务英语合同翻译实践 [J]. 知识经济，2021（16）：114-115.

[18] 叶丹. 生态翻译学理论下英语翻译教学新模式：评《整合与创新：现代英语翻译教学与跨文化翻译策略》[J]. 中国高校科技，2020（10）：104.

[19] 黄雁. 文化图式理论在英语翻译教学中的运用探索：以《英译中国现代散文选》为例 [J]. 好家长，2018（15）：140.

[20] 金美兰. 后现代翻译理论观照下的大学英语翻译教学模式改革研究 [J]. 考试周刊，2015（24）：10-11.

[21] 陶春香. 商务英语实践的现代语言学和翻译理论探究：评《商务英语研究》[J]. 新闻与写作，2016（7）：121.

[22] 邓高峰. 从语言接触理论视角看张培基教授翻译中的中国英语：基于两辑《英译中国现代散文选》的研究 [J]. 文教资料，2008（16）：42-43.

[23] 郭婉婉. 基于功能翻译理论的英语翻译技巧 [J]. 现代英语，2021（17）：80-82.

[24] 李星星. 基于功能翻译理论的高校英语翻译教育实践探析 [J]. 现代英语，2023（14）：104-107.

[25] 李坤朋，陈雪. 基于功能翻译理论下英语翻译技巧的探析 [J]. 海外英语，2024（2）：11-13.